CONTENTS

L'IA ET L'AVENIR DU TRAVAIL

Comment S'Adapter et Réussir

KOUADIO KONAN JOEL

Cover design by: Art Painter
Library of Congress Control Number: 2018675309
Printed in the United States of America

PLAN DU LIVRE

L'IA et l'Avenir du Travail : Comment S'Adapter et Réussir

L'impact de l'IA sur l'emploi, les nouvelles compétences à exploiter et les opportunités pour les entrepreneurs.

Préface

Introduction

- Présentation du livre et des enjeux de l'IA sur le monde du travail.
- Pourquoi il est essentiel de comprendre et d'anticiper ces changements.
- Aperçu des solutions et stratégies abordées dans le livre.

PARTIE 1 : L'IMPACT DE L'IA SUR LE MONDE DU TRAVAIL

Comprendre comment l'intelligence artificielle transforme l'emploi, les secteurs d'activité et les compétences requises.

Chapitre 1 : L'IA, une révolution en marche

- Définition et historique de l'IA.
- Différences entre automatisation et intelligence artificielle.

- Exercice : Analyser un secteur d'activité et identifier les tâches automatisables.

Chapitre 2 : Les métiers en mutation et ceux menacés

- Secteurs les plus touchés par l'automatisation.
- Exemples de métiers qui disparaissent ou évoluent (exemple : service client, logistique, finance).
- Étude de cas : L'impact de l'IA dans une entreprise traditionnelle.

Chapitre 3 : Les nouveaux métiers créés par l'IA

- Ingénieur en IA, data scientist, éthicien de l'IA, gestionnaire de modèles IA, etc.
- Opportunités pour les travailleurs en reconversion.
- Exercice : Identifier les compétences transférables à un métier en pleine croissance.

Chapitre 4 : L'IA et les entreprises : menace ou opportunité ?

- Comment les entreprises intègrent l'IA dans leur stratégie.
- L'IA au service de la productivité et de l'innovation.
- Étude de cas : PME ayant intégré des outils d'IA et leur retour sur investissement.

Chapitre 5 : Les défis éthiques et sociaux de l'IA

- Impact sur les inégalités et le chômage.
- Législation et régulation de l'IA sur le marché

du travail.

- Exercice : Débat sur l'éthique de l'IA et son intégration dans le travail humain.

PARTIE 2 : DÉVELOPPER LES COMPÉ-TENCES CLÉS POUR L'AVENIR

Se préparer aux évolutions du marché en acquérant des compétences adaptées.

Chapitre 6 : Les compétences techniques indispensables

- Initiation aux bases de l'IA et du machine learning.
- Compétences numériques clés : data analysis, programmation, cloud computing.
- Exercice : Essayer un outil IA (ChatGPT, MidJourney, AutoGPT) et analyser son impact sur le travail.

Chapitre 7 : Les soft skills essentielles à l'ère de l'IA

- Adaptabilité, pensée critique, intelligence émotionnelle.
- Importance de la créativité et de la capacité à résoudre des problèmes complexes.
- Exercice : Auto-évaluation de ses soft skills et plan d'amélioration.

Chapitre 8 : Comment apprendre en continu avec l'IA ?

- Outils IA pour l'apprentissage (tutoriels IA, plateformes de formation adaptative).
- Stratégies pour maintenir une veille technologique efficace.
- Étude de cas : Comment un employé a utilisé l'IA pour améliorer ses compétences et évoluer dans sa carrière.

Chapitre 9 : Travailler avec l'IA plutôt que contre elle

- Comment collaborer avec des outils IA pour améliorer son efficacité.
- Stratégies pour intégrer l'IA dans son quotidien professionnel.
- Exercice : Automatiser une tâche répétitive avec un outil d'IA.

Chapitre 10 : L'entrepreneuriat et l'IA : une opportunité à saisir

- Comment l'IA crée de nouvelles opportunités de business.
- Exemples de startups qui utilisent l'IA pour innover.
- Exercice : Trouver une idée d'entreprise intégrant l'IA.

PARTIE 3 : S'ADAPTER ET RÉUSSIR DANS LE NOUVEAU MONDE DU TRAVAIL

Stratégies concrètes pour évoluer et tirer parti des transformations du marché du travail.

Chapitre 11 : Construire un plan de carrière à l'ère de l'IA

- Comment identifier les tendances et opportunités du marché.
- Établir un plan d'action pour sécuriser son avenir professionnel.
- Exercice : Rédiger un plan de carrière intégrant l'IA.

Chapitre 12 : Trouver un emploi ou se reconvertir avec l'IA

- Outils IA pour améliorer son CV et sa recherche d'emploi.
- Méthodes pour se reconvertir efficacement.
- Étude de cas : Une reconversion réussie grâce à l'IA.

Chapitre 13 : Construire un réseau et développer son personal branding

- Utiliser LinkedIn et les réseaux sociaux pour se positionner comme expert IA.
- Développer une marque personnelle en s'appuyant sur l'IA.
- Exercice : Créer un contenu optimisé par l'IA pour son profil LinkedIn.

Chapitre 14 : L'IA et le travail indépendant : freelancing et digital nomadisme

- Comment l'IA révolutionne le freelancing et le

travail à distance.

- Outils IA pour automatiser et optimiser son activité.
- Étude de cas : Un freelance qui maximise ses revenus grâce à l'IA.

Chapitre 15 : Anticiper le futur : quelles évolutions à prévoir ?

- Les tendances à venir : IA générale, automatisation avancée, interaction homme-machine.
- Scénarios d'avenir : comment se préparer aux prochaines révolutions.
- Exercice : Écrire un scénario de l'évolution du travail dans 10 ans.

Conclusion

- Synthèse des points clés du livre.
- Rappel de l'importance de l'adaptation et de la formation continue.
- Invitation à passer à l'action avec un plan personnalisé.

PRÉFACE

L'intelligence artificielle est en train de remodeler notre monde plus rapidement que nous ne l'aurions imaginé. Autrefois reléguée aux récits de science-fiction et aux laboratoires de recherche, elle est aujourd'hui omniprésente dans nos vies : des assistants virtuels aux algorithmes de recommandation, en passant par l'automatisation industrielle et les diagnostics médicaux. Plus qu'une simple avancée technologique, l'IA constitue une révolution qui transforme en profondeur nos modes de travail, nos carrières et nos perspectives d'avenir.

Face à ces changements, une question essentielle se pose : **comment pouvons-nous nous adapter et prospérer dans un monde où l'IA redéfinit les règles du jeu ?**

Ce livre a été conçu comme un guide pour vous aider à comprendre, anticiper et tirer parti des bouleversements engendrés par l'IA dans le monde du travail. Loin d'être une menace à fuir, l'intelligence artificielle est une opportunité extraordinaire pour ceux qui sauront s'en emparer. Que vous soyez salarié, entrepreneur, étudiant ou en reconversion professionnelle, il est crucial de comprendre comment cette technologie impacte votre secteur et d'identifier les compétences à développer pour rester pertinent sur le marché du travail.

À travers une approche pragmatique, nous explorerons

les métiers en mutation, les nouvelles opportunités qui émergent, les compétences techniques et humaines indispensables, ainsi que les stratégies pour intégrer l'IA dans votre quotidien professionnel. Des études de cas, des exercices pratiques et des conseils concrets vous guideront tout au long de votre réflexion et de votre préparation à ce futur en pleine accélération.

Loin d'être un simple observateur passif de cette révolution, vous avez aujourd'hui l'opportunité de prendre une longueur d'avance. Ce livre est une invitation à vous équiper des connaissances et des outils nécessaires pour aborder l'ère de l'intelligence artificielle avec confiance et ambition.

L'avenir appartient à ceux qui savent s'adapter. Êtes-vous prêt à façonner le vôtre ?

INTRODUCTION

L'intelligence artificielle (IA) est en train de transformer le monde du travail à une vitesse fulgurante. Des tâches autrefois réservées aux humains sont désormais automatisées, des métiers disparaissent tandis que d'autres émergent, et les compétences recherchées évoluent sans cesse. Dans ce contexte, une question essentielle se pose : **comment s'adapter et réussir dans un monde où l'IA joue un rôle central ?**

Pourquoi ce livre ?

Nous sommes à l'aube d'une révolution qui bouleverse tous les secteurs. Que vous soyez salarié, entrepreneur, étudiant ou en reconversion professionnelle, il est crucial de comprendre ces transformations pour ne pas subir les changements, mais au contraire, en tirer parti. Ceux qui sauront maîtriser l'IA et s'adapter aux nouvelles exigences du marché auront un avantage compétitif considérable.

Ce livre a été conçu comme un **guide pratique** pour :

Comprendre l'impact réel de l'IA sur l'emploi et les compétences requises.

Identifier les opportunités offertes par l'IA dans le travail et l'entrepreneuriat.

Développer les compétences clés pour prospérer à l'ère de l'IA.

Mettre en place des stratégies concrètes pour s'adapter et réussir.

L'urgence de s'adapter

Beaucoup redoutent l'IA comme une menace pour l'emploi, mais la véritable menace est de ne pas évoluer avec elle. L'histoire nous montre que chaque révolution technologique a détruit des emplois, mais en a également créé d'autres. La clé est d'anticiper ces changements pour s'y préparer efficacement.

Aperçu des solutions abordées

Ce livre est structuré en **trois grandes parties** :

1. **Comprendre l'impact de l'IA sur le monde du travail** : Quels sont les métiers menacés, ceux qui émergent, et comment les entreprises intègrent l'IA ?

2. **Développer les compétences de demain** : Quelles compétences techniques et humaines sont nécessaires pour prospérer à l'ère de l'IA ? Comment apprendre en continu ?

3. **Stratégies pour s'adapter et réussir** : Comment utiliser l'IA pour booster sa carrière, se reconvertir, entreprendre ou devenir un expert recherché ?

À la fin de chaque chapitre, vous trouverez des **exercices pratiques**, des **études de cas réels** et des **conseils**

concrets pour appliquer ces connaissances immédiatement.

Ce livre ne vise pas seulement à informer, mais à **vous donner les outils nécessaires pour passer à l'action.** L'IA est une opportunité extraordinaire pour ceux qui savent l'utiliser à leur avantage. **Êtes-vous prêt à transformer ces changements en opportunités ?**

Tournez la page, et commençons ce voyage ensemble !

CHAPITRE 1 : L'IA, UNE RÉVOLUTION EN MARCHE

1.1 Définition et historique de l'IA

L'intelligence artificielle (IA) désigne l'ensemble des technologies qui permettent à des machines d'imiter certaines capacités humaines, comme l'apprentissage, la résolution de problèmes et la prise de décisions. Contrairement aux logiciels classiques programmés pour suivre des instructions précises, l'IA repose sur des **algorithmes capables d'apprendre et de s'adapter** en fonction des données qu'ils traitent.

L'idée d'une intelligence artificielle remonte aux années 1950, lorsque **Alan Turing** a posé la question fondamentale : *"Une machine peut-elle penser ?"* Depuis, plusieurs avancées ont marqué son évolution :

- **1956** : Conférence de Dartmouth – Naissance officielle du terme "intelligence artificielle".

- **Années 1980** : Apparition des systèmes experts capables de simuler le raisonnement humain dans certains domaines (exemple : médecine).

- **Années 2000** : Explosion des données (Big Data) et progrès en puissance de calcul permettent des avancées majeures en apprentissage automatique (*machine learning*).

- **Années 2010 - Aujourd'hui** : Développement du deep learning, des modèles de langage avancés comme ChatGPT et des IA génératives capables de créer du texte, des images et même du code informatique.

Aujourd'hui, l'IA est présente dans tous les secteurs : médecine, finance, transport, industrie, éducation et même dans notre quotidien avec les assistants virtuels (Siri, Alexa) et les algorithmes de recommandation (Netflix, YouTube).

1.2 Différences entre automatisation et intelligence artificielle

L'automatisation et l'intelligence artificielle sont souvent confondues, mais elles diffèrent sur plusieurs points essentiels :

Critère	Automatisation	Intelligence Artificielle
Définition	Exécution de tâches répétitives selon des règles préétablies.	Apprentissage et prise de décisions basées sur des données.
Exemples	Robots industriels sur une chaîne de production, chatbots avec réponses prédéfinies.	Voitures autonomes, IA médicale diagnostiquant des maladies.
Capacité d'adaptation	Rigide – suit des instructions fixes.	Flexible – apprend et s'améliore avec l'expérience.
Intervention humaine	Nécessite une mise à jour manuelle pour toute modification.	Peut évoluer seule grâce à l'apprentissage automatique.

Prenons l'exemple du service client :

- Un **chatbot automatisé** suit des scripts prédéfinis et répond aux questions courantes sans apprendre de nouvelles interactions.

- Une **IA avancée** (comme ChatGPT) comprend les demandes, améliore ses réponses et personnalise l'expérience utilisateur.

L'IA va donc bien au-delà de l'automatisation en permettant aux machines d'**analyser, apprendre et s'adapter en temps réel**.

1.3 Exercice : Analyser un secteur d'activité et identifier les tâches automatisables

Objectif : Comprendre comment l'IA et l'automatisation impactent différents métiers et anticiper les changements à venir.

Étapes de l'exercice

1. **Choisissez un secteur d'activité**
   - Exemples : commerce, finance, santé, transport, éducation, marketing.

2. **Identifiez les tâches automatisables**
   - Quelles tâches sont répétitives et basées sur des règles fixes ?
   - Quels processus pourraient être optimisés avec l'IA ?
   - Exemple : Dans le marketing, la génération de rapports et l'analyse de tendances peuvent être automatisées.

3. **Évaluez l'impact de l'IA**
   - Ces automatisations suppriment-elles des emplois ou les transforment-elles ?

○ Quels nouveaux métiers pourraient apparaître grâce à l'IA ?

4. **Proposez une stratégie d'adaptation**

○ Comment les professionnels du secteur peuvent-ils évoluer ?

○ Quelles compétences seront nécessaires pour travailler avec l'IA ?

Exemple d'analyse : L'IA dans le secteur bancaire

Tâche	Automatisation possible ?	Impact sur l'emploi
Gestion des virements et transactions	Oui (applications bancaires et robots)	Réduction du besoin d'agents en agence
Analyse des risques de crédit	Oui (algorithmes prédictifs)	Remplacement des analystes humains
Service client	Oui (chatbots, assistants vocaux)	Transformation des postes vers des fonctions de supervision
Conseil en gestion de patrimoine	Non (besoin d'expertise humaine)	Métier renforcé par l'IA

Conclusion de l'exercice : L'IA remplace certaines tâches, mais elle crée aussi de nouveaux rôles comme **spécialiste en analyse de données, superviseur de systèmes IA et expert en cybersécurité bancaire.**

CHAPITRE 2 : LES MÉTIERS EN MUTATION ET CEUX MENACÉS

L'intelligence artificielle (IA) et l'automatisation modifient en profondeur le paysage de l'emploi. Certains métiers sont menacés d'obsolescence, tandis que d'autres évoluent ou émergent avec de nouvelles opportunités. L'objectif de ce chapitre est de comprendre quels secteurs sont les plus touchés et comment les entreprises traditionnelles s'adaptent à ces bouleversements.

2.1 Secteurs les plus touchés par l'automatisation

L'automatisation et l'IA impactent différemment les secteurs en fonction de la nature des tâches effectuées. Les métiers comportant des tâches répétitives et prévisibles sont les plus vulnérables. Voici les secteurs les plus touchés :

1. Industrie et fabrication

Impact : Automatisation des chaînes de production avec des robots et des machines intelligentes.

Exemple : Les robots de production remplacent de nombreux ouvriers dans l'industrie automobile et manufacturière.

Transformation : Besoin accru de techniciens spécialisés en robotique et en maintenance.

2. Transport et logistique

Impact : Remplacement des chauffeurs par des véhicules autonomes et optimisation des flux logistiques avec l'IA.

Exemple : Uber et Tesla développent des voitures autonomes, Amazon teste la livraison par drones et robots.

Transformation : Montée en puissance des métiers liés à la cybersécurité et à la supervision des systèmes autonomes.

3. Finance et comptabilité

Impact : Automatisation des tâches comptables et de gestion de risques avec des algorithmes prédictifs.

Exemple : Les logiciels d'IA remplacent les analystes financiers pour l'évaluation des risques de crédit.

Transformation : Demande accrue pour les spécialistes en analyse de données et en conformité réglementaire.

4. Commerce et service client

Impact : Les chatbots, les caisses automatiques et les algorithmes de recommandations remplacent progressivement les employés humains.

Exemple : Les supermarchés sans caissiers (ex. Amazon Go) et l'IA conversationnelle dans le support client.

Transformation : Montée en compétence des conseillers client vers des postes plus stratégiques et relationnels.

5. Santé

Impact : IA utilisée pour les diagnostics médicaux, l'analyse d'images et l'automatisation administrative.

Exemple : IBM Watson aide les médecins à détecter des maladies en analysant des bases de données médicales.

Transformation : Nécessité pour les médecins et les infirmiers d'apprendre à collaborer avec l'IA et à interpréter les résultats.

2.2 Exemples de métiers qui disparaissent ou évoluent

L'IA ne remplace pas nécessairement les emplois, mais elle les transforme. Voici quelques exemples :

Métiers en déclin

Métier	Cause du déclin	Alternative ou transformation
Téléopérateurs/service client	Chatbots et assistants vocaux	Conseillers spécialisés en relation client complexe
Caissiers	Caisse automatique et paiement sans contact	Gestion et supervision des automates
Ouvriers de production	Robots industriels et impression 3D	Maintenance des machines et programmation
Comptables juniors	Logiciels comptables et IA fiscale	Analystes financiers et experts en conformité
Chauffeurs (taxis, camions)	Véhicules autonomes	Gestion et maintenance des flottes autonomes

Métiers qui évoluent

Certains métiers ne disparaissent pas mais doivent s'adapter :

- **Médecins et radiologues** → Doivent apprendre à utiliser l'IA pour affiner leurs diagnostics.
- **Avocats** → Utilisent des logiciels d'analyse juridique basés sur l'IA pour accélérer la recherche

documentaire.

- **Ingénieurs** → Les experts en IA, en cybersécurité et en analyse de données sont très demandés.

Métiers en forte demande grâce à l'IA

L'émergence de l'IA crée aussi de nouvelles opportunités professionnelles :

- **Spécialiste en IA et machine learning**
- **Data scientist et analyste de données**
- **Ingénieur en cybersécurité**
- **Consultant en transformation digitale**
- **Spécialiste en éthique de l'IA**

2.3 Étude de cas : L'impact de l'IA dans une entreprise traditionnelle

Cas : L'automatisation dans une banque traditionnelle

Problématique : Une banque traditionnelle fait face à une forte concurrence des banques en ligne et aux nouvelles attentes des clients pour des services plus rapides et personnalisés.

Solutions mises en place :

1. **Automatisation des tâches administratives** : IA pour gérer les demandes de prêts, vérification de documents en ligne.

2. **Chatbots intelligents** : Remplacement des appels téléphoniques pour des requêtes simples.

3. **Analyse prédictive** : IA utilisée pour anticiper les comportements des clients et proposer des offres adaptées.

4. **Cybersécurité renforcée** : Détection des fraudes en temps réel grâce à des algorithmes avancés.

Résultats :

Réduction du personnel sur les tâches administratives répétitives.

Augmentation du besoin en analystes de données et en cybersécurité.

Amélioration de l'expérience client avec des recommandations personnalisées.

Leçons tirées :

- Les employés ont dû se former à de nouvelles compétences comme la gestion des outils d'IA et l'analyse des données.

- L'IA n'a pas supprimé tous les emplois, mais a changé leur nature, exigeant des compétences plus techniques et analytiques.

Exercice pratique : Identifier les métiers de demain

Objectif : Détecter les évolutions dans son propre domaine professionnel et identifier les nouvelles opportunités.

Étapes :

1. **Choisissez un métier traditionnel** (ex. compt-

able, agent immobilier, enseignant, marke-teur).

2. **Analysez les transformations actuelles** : Comment l'IA affecte-t-elle ce métier ?

3. **Identifiez les nouvelles compétences requises** : Quelles connaissances faut-il développer pour rester compétitif ?

4. **Proposez une stratégie d'adaptation** : Quels outils IA peuvent être intégrés à ce métier pour améliorer ses performances ?

Exemple de réponse :

- **Métier** : Marketing digital

- **Impact de l'IA** : Automatisation des publicités et du ciblage sur les réseaux sociaux.

- **Compétences à acquérir** : Apprentissage des outils d'IA marketing, analyse de données, stratégie digitale.

- **Stratégie d'adaptation** : Se spécialiser dans l'IA appliquée au marketing pour devenir un expert recherché.

CHAPITRE 3 : LES NOUVEAUX MÉTIERS CRÉÉS PAR L'IA

L'intelligence artificielle (IA) ne se contente pas de remplacer certains métiers : elle en crée également de nouveaux. Ce chapitre explore les métiers émergents issus de la révolution de l'IA, ainsi que les opportunités qu'ils offrent pour les travailleurs en reconversion. Ces métiers sont souvent à la croisée des compétences techniques, analytiques et éthiques, et représentent des voies d'avenir pour ceux qui souhaitent s'adapter à cette nouvelle ère professionnelle.

3.1 Les métiers créés par l'IA

L'essor de l'IA a engendré l'émergence de nombreux nouveaux métiers qui n'existaient pas il y a encore quelques années. Ces rôles sont cruciaux pour le développement, l'intégration et la gestion des technologies basées sur l'IA. Voici quelques-uns des métiers les plus prometteurs :

1. Ingénieur en Intelligence Artificielle (IA)

Les ingénieurs en IA conçoivent, développent et testent des algorithmes permettant aux machines d'apprendre et de s'adapter. Ils sont responsables de la mise en œuvre de systèmes d'IA dans des applications diverses, allant de l'automatisation des processus à la conduite autonome.

Compétences requises : Programmation (Python, Java), machine learning, algorithmie, traitement du langage naturel.

Secteurs d'activité : Technologie, automobile, finance, santé.

2. Data Scientist

Le data scientist est responsable de l'analyse des données massives générées par les systèmes IA. Il extrait des informations précieuses à partir de ces données, afin de permettre aux entreprises de prendre des décisions stratégiques basées sur des analyses prédictives.

Compétences requises : Analyse de données, statistiques avancées, maîtrise des outils de big data (Hadoop, Spark), machine learning.

Secteurs d'activité : E-commerce, marketing, santé, finance.

3. Éthicien de l'IA

L'éthicien de l'IA étudie les implications morales, sociales et juridiques des technologies IA. Son rôle est de veiller à ce que les systèmes d'IA soient utilisés de manière responsable et équitable, tout en respectant la vie privée et en minimisant les biais.

Compétences requises : Éthique, droit de la technologie, psychologie, gestion des risques.

Secteurs d'activité : Technologies, gouvernement, organisations non gouvernementales (ONG), recherche académique.

4. Gestionnaire de modèles IA

Les gestionnaires de modèles IA supervisent le déploiement et l'entretien des modèles d'intelligence artificielle au sein des entreprises. Ils assurent la qualité des modèles, garantissant qu'ils produisent des résultats fiables et répondent aux besoins stratégiques.

Compétences requises : Gestion de projets, compréhension des algorithmes de machine learning, analyse des performances des modèles.

Secteurs d'activité : Technologie, finance, marketing.

5. Consultant en IA pour les entreprises

Le consultant en IA aide les entreprises à intégrer des solutions d'intelligence artificielle dans leurs processus. Il conseille sur les technologies à adopter, l'optimisation des workflows et la gestion du changement pour réussir l'intégration de l'IA dans l'entreprise.

Compétences requises : Connaissances en IA, gestion de projets, compréhension des processus métier, capacité à vulgariser la technologie pour des non-spécialistes.

Secteurs d'activité : Tous les secteurs, mais particulièrement la finance, la santé, et l'industrie.

3.2 Opportunités pour les travailleurs en reconversion

L'IA offre des perspectives particulièrement intéressantes pour les travailleurs en reconversion professionnelle. Ces derniers peuvent exploiter leurs compétences existantes tout en se formant à de nouvelles connaissances techniques et analytiques. Voici quelques opportunités pour ceux qui souhaitent se réorienter vers les métiers de l'IA :

1. Développeur logiciel → Ingénieur en IA

Si vous êtes déjà développeur de logiciels, vous pouvez vous réorienter vers l'ingénierie IA en apprenant les bases du machine learning, des réseaux neuronaux et du deep learning. Ce processus peut être facilité par des formations certifiantes en IA.

2. Analyste de données → Data Scientist

Si vous avez une expérience en analyse de données, il est possible de se reconvertir en data scientist en perfectionnant vos compétences en statistiques, en big data et en machine learning. Des formations de niveau avancé permettent de se spécialiser dans l'analyse de grandes quantités de données.

3. Professionnel du marketing → Consultant en IA pour le marketing

Les spécialistes du marketing peuvent se tourner vers le conseil en IA appliquée au marketing, notamment dans le domaine de la personnalisation des campagnes et de l'analyse prédictive. Une bonne compréhension des outils IA utilisés pour l'automatisation du marketing peut faciliter cette transition.

4. Juriste → Éthicien de l'IA

Les avocats et juristes peuvent se spécialiser dans l'éthique de l'IA, en s'appuyant sur leur compréhension du droit et en l'appliquant aux problématiques éthiques soulevées par l'IA. Il est essentiel de se former aux implications juridiques des nouvelles technologies pour réussir cette reconversion.

3.3 Exercice : Identifier les compétences transférables à un métier en pleine croissance

Objectif : Aider le lecteur à identifier les compétences qu'il peut transférer d'un métier actuel vers un métier émergent dans le domaine de l'IA.
Étapes :

1. **Identifiez votre métier actuel** : Faites une liste de vos tâches quotidiennes et des compétences clés que vous utilisez régulièrement.

2. **Choisissez un métier lié à l'IA** : Parcourez les nouveaux métiers en IA présentés dans ce chapitre et choisissez celui qui vous intéresse le plus.

3. **Identifiez les compétences transférables** : Notez les compétences de votre métier actuel qui peuvent être appliquées à votre nouveau métier choisi. Par exemple, si vous êtes développeur, vous pouvez transférer vos compétences en programmation vers l'ingénierie en IA.

4. **Planifiez une formation complémentaire** : Déterminez quelles compétences supplémentaires vous devrez apprendre pour réussir cette reconversion (par exemple, apprentissage du machine learning, analyse des données, etc.).

5. **Proposez un plan d'action** : Définissez les étapes pratiques pour entamer cette reconver-

sion (formation, projet personnel, mentorat, etc.).

Exemple :

Métier actuel : Responsable marketing digital
Métier visé : Consultant en IA pour le marketing
Compétences transférables :

- Compréhension des comportements des consommateurs.
- Expérience dans la gestion de campagnes publicitaires.
- Compétences en gestion de projet.

Compétences à acquérir :

- Apprentissage des outils IA pour l'automatisation du marketing.
- Formation en analyse de données et machine learning.

Plan d'action :

1. Suivre un cours en ligne sur l'IA appliquée au marketing.
2. Réaliser un projet personnel de marketing basé sur des recommandations automatisées.
3. Trouver un mentor dans le domaine du conseil en IA pour le marketing.

CHAPITRE 4 : L'IA ET LES ENTREPRISES : MENACE OU OPPORTUNITÉ ?

L'intelligence artificielle (IA) représente un tournant majeur pour les entreprises du monde entier. Ce chapitre explore comment les entreprises intègrent l'IA dans leurs stratégies, en mettant en lumière les avantages qu'elles peuvent en tirer, ainsi que les défis qu'elles doivent surmonter. Il s'agira aussi de discuter de la manière dont l'IA peut transformer la productivité, stimuler l'innovation, et finalement, créer des avantages concurrentiels significatifs.

4.1 Comment les entreprises intègrent l'IA dans leur stratégie

L'IA est plus qu'une simple tendance technologique ; elle devient un levier stratégique pour de nombreuses entreprises cherchant à s'adapter aux évolutions du marché et à répondre aux besoins croissants de personnalisation, d'efficacité et d'innovation. Voici comment certaines entreprises intègrent l'IA dans leur stratégie :

1. Automatisation des processus métiers

Les entreprises automatisent de plus en plus leurs processus internes grâce à l'IA. Cela inclut des tâches répétitives comme la gestion des stocks, la comptabilité ou le traitement des demandes des clients. L'automatisation permet non seulement de réduire les coûts, mais aussi d'améliorer la précision des processus et d'accélérer leur exécution.

Exemple : L'automatisation des processus RH, comme la sélection des CV à l'aide d'algorithmes d'IA, qui permet de réduire le temps de recrutement tout en augmentant la qualité des candidats sélectionnés.

2. Optimisation de la relation client

Les entreprises utilisent des chatbots et des assistants virtuels basés sur l'IA pour améliorer l'expérience client. Ces outils permettent une réponse plus rapide et plus personnalisée, tout en réduisant la charge de travail des équipes humaines.

Exemple : L'intégration de chatbots dans le secteur bancaire, où les clients peuvent poser des questions sur leurs comptes ou effectuer des transactions simples en temps réel.

3. Prise de décision basée sur les données

L'IA permet d'analyser d'énormes volumes de données pour extraire des informations pertinentes qui aident à prendre des décisions éclairées. De nombreuses entreprises intègrent des outils d'IA pour mieux comprendre le comportement des consommateurs, analyser les tendances du marché, et prédire les évolutions futures.

Exemple : Des entreprises comme Amazon utilisent l'IA pour recommander des produits à leurs clients en fonction de leurs habitudes d'achat et des tendances observées.

4. Innovation et développement de nouveaux

produits

L'IA aide les entreprises à accélérer l'innovation en permettant des recherches et des développements plus efficaces. Grâce à des algorithmes de machine learning, les entreprises peuvent générer de nouvelles idées de produits ou services basées sur l'analyse de besoins non satisfaits.

Exemple : Dans l'industrie automobile, des entreprises comme Tesla utilisent l'IA pour améliorer la conduite autonome et intégrer de nouvelles fonctionnalités dans leurs véhicules.

4.2 L'IA au service de la productivité et de l'innovation

L'IA joue un rôle clé dans l'augmentation de la productivité et dans la stimulation de l'innovation. Voici plusieurs manières dont l'IA contribue à ces deux aspects essentiels :

1. Augmentation de la productivité

L'un des principaux avantages de l'IA pour les entreprises est la **réduction du temps de travail** humain pour des tâches répétitives ou de faible valeur ajoutée. Les employés peuvent ainsi se concentrer sur des activités plus stratégiques et créatives, ce qui conduit à une meilleure efficacité globale.

Exemple : Dans les entreprises de production, des robots équipés de systèmes d'IA peuvent effectuer des tâches telles que l'assemblage ou le contrôle qualité, réduisant ainsi les erreurs humaines et augmentant la vitesse de production.

2. Réduction des coûts

L'IA permet aux entreprises de réaliser des économies substantielles. En remplaçant les processus manuels ou en optimisant les ressources, les entreprises peuvent réduire leurs dépenses d'exploitation, tout en maintenant un niveau de qualité élevé.

Exemple : Dans le secteur de la logistique, des systèmes d'IA peuvent optimiser les itinéraires des livraisons, réduisant ainsi les coûts liés au carburant et au temps de transport.

3. Création de nouvelles opportunités commerciales

L'IA ouvre la voie à de nouveaux modèles commerciaux. Par exemple, les entreprises peuvent utiliser des algorithmes d'IA pour créer des plateformes numériques où les consommateurs peuvent interagir de manière personnalisée avec des services ou produits.

Exemple : Les plateformes de streaming comme Netflix utilisent des systèmes de recommandation basés sur l'IA pour proposer des contenus personnalisés, augmentant ainsi l'engagement et la fidélité des utilisateurs.

4. Recherche et développement accélérés

L'IA permet aux entreprises de simuler des scénarios, d'accélérer le processus de recherche et de tester rapidement des hypothèses avant de passer à la production. Cela réduit non seulement le temps de développement, mais permet aussi de développer des produits plus performants.

Exemple : Dans le secteur pharmaceutique, des entreprises utilisent des algorithmes d'IA pour analyser des millions de combinaisons de molécules, accélérant ainsi la découverte de nouveaux médicaments.

5. Innovation continue

L'IA permet une **innovation continue**. Grâce à la capacité d'apprendre de manière autonome à partir de nouvelles données, les systèmes d'IA peuvent constamment améliorer les produits ou services, permettant ainsi aux entreprises de se maintenir à la pointe de l'innovation.

Exemple : Les entreprises technologiques développent des produits comme des applications de santé connectée qui utilisent l'IA pour s'améliorer avec chaque nouvel utilisateur, en collectant des données sur la santé et en ajustant les recommandations en temps réel.

4.3 Étude de cas : PME ayant intégré des outils d'IA et leur retour sur investissement

Pour comprendre l'impact de l'IA dans le monde des affaires, examinons une étude de cas d'une PME qui a intégré l'IA dans ses processus.

Entreprise : *TechSolutions*, **une PME spécialisée dans la fabrication de composants électroniques.**

Contexte :

TechSolutions faisait face à des défis de productivité et

à des coûts élevés liés à la gestion de son inventaire et à la logistique. L'entreprise a décidé d'intégrer des outils d'IA pour automatiser plusieurs de ses processus, notamment l'approvisionnement en matières premières et la gestion des stocks.

Implémentation de l'IA :

- **Automatisation des stocks :** L'entreprise a mis en place un système d'IA qui analyse les tendances des ventes et les données historiques pour prévoir la demande des produits. Ce système a permis d'optimiser les niveaux de stocks et d'éviter les ruptures de stock.

- **Amélioration de la chaîne d'approvisionnement** : Des algorithmes de machine learning ont été utilisés pour prévoir les délais de livraison, permettant à l'entreprise de mieux planifier ses productions et de réduire les coûts logistiques.

- **Optimisation de la production** : Des robots IA ont été intégrés à la ligne de production, permettant d'augmenter la vitesse de fabrication tout en diminuant les erreurs humaines.

Résultats et retour sur investissement :
Après un an d'utilisation des outils d'IA, *TechSolutions* a observé les résultats suivants :

- **Réduction des coûts de 20 %** grâce à l'automatisation et à une gestion plus efficace des stocks.

- **Amélioration de la productivité de 30 %**, permettant à l'entreprise de produire davantage en moins de temps.

- **Satisfaction client accrue**, due à une meilleure gestion des livraisons et une plus grande fiabilité des produits.

- **Retour sur investissement de 150 %** en seulement 12 mois, surpassant les attentes de l'entreprise.

CHAPITRE 5 : LES DÉFIS ÉTHIQUES ET SOCIAUX DE L'IA

Alors que l'intelligence artificielle continue de transformer le monde du travail, elle soulève des questions cruciales concernant ses implications éthiques et sociales. Bien que l'IA offre des opportunités indéniables en matière de productivité, d'innovation et d'efficacité, elle comporte également des défis majeurs qui méritent une attention particulière. Ce chapitre se concentre sur les principaux enjeux éthiques et sociaux de l'IA, notamment son impact sur les inégalités, le chômage et les régulations nécessaires pour garantir une intégration juste et responsable de cette technologie dans le monde du travail.

5.1 Impact de l'IA sur les inégalités et le chômage

L'IA, bien qu'elle crée de nouvelles opportunités économiques, risque également d'accentuer les inégalités sociales et économiques. L'automatisation des tâches et la substitution de certains emplois par des systèmes intelligents peuvent entraîner une disparité croissante entre les secteurs favorisés et ceux vulnérables à la transformation numérique.

1. Les inégalités économiques

L'IA a le potentiel de concentrer les bénéfices de l'automatisation entre les mains des grandes entreprises et des pays développés, qui possèdent les ressources nécessaires pour investir massivement dans la recherche, le développement et l'adoption de technologies avancées. Les petites entreprises et les pays en développement risquent de se retrouver à la traîne, exacerbant ainsi les inégalités économiques mondiales.

Exemple : Les géants de la technologie comme Google, Amazon, et Microsoft investissent lourdement dans l'IA, ce qui leur permet d'accroître leur domination sur le marché, tandis que les petites entreprises locales n'ont souvent pas les moyens d'intégrer des outils d'IA dans leurs opérations.

2. Le chômage technologique

Une autre inquiétude majeure est l'impact de l'IA sur l'emploi. L'automatisation pourrait conduire à la disparition de millions de métiers, en particulier dans les secteurs de la fabrication, des services, et du transport. Bien que de nouveaux métiers émergeront, il est probable que ces transformations se produisent à une vitesse qui dépasse la capacité de réadaptation des travailleurs.

Exemple : Les véhicules autonomes pourraient réduire la demande de conducteurs de camions, un secteur qui emploie des millions de personnes dans le monde entier.

3. Le besoin de requalification

Pour faire face à la perte d'emplois due à l'IA, il est crucial que les travailleurs soient formés et requalifiés pour les nouveaux métiers qui apparaissent. Les compétences techniques, comme la programmation, l'analyse de données et l'éthique de l'IA, sont de plus en plus demandées. Cependant, les personnes les plus touchées par l'automatisation risquent de ne pas avoir accès à ces formations.

Proposition de solution :

- **Création de programmes de reconversion professionnelle** : Les gouvernements et les entreprises doivent collaborer pour offrir des formations et des programmes de certification adaptés aux métiers de demain.

5.2 Législation et régulation de l'IA sur le marché du travail

L'essor de l'IA soulève des questions complexes concernant la législation et la régulation de cette technologie dans le monde du travail. Il est essentiel de garantir une intégration de l'IA qui soit à la fois bénéfique pour les entreprises et juste pour les travailleurs.

1. Les normes de sécurité et de confidentialité des données

L'une des préoccupations majeures liées à l'utilisation de l'IA dans le travail est la **protection des données personnelles**. Les systèmes d'IA collectent et analysent des volumes considérables de données, et leur utilisation abusive pourrait porter atteinte à la vie privée des individus, notamment dans les domaines de la surveillance des employés et de la gestion des ressources humaines.

Exemple : L'utilisation de logiciels d'IA pour surveiller la productivité des employés, qui pourrait porter atteinte à leur vie privée.

2. La régulation de l'automatisation

Les gouvernements doivent instaurer des règles claires pour limiter les effets négatifs de l'automatisation sur l'emploi. La régulation peut inclure des mesures comme des **taxes sur l'automatisation** ou des **subventions pour la formation des travailleurs**, afin de compenser les pertes d'emplois liées à l'IA.

Exemple : La proposition de **taxe robot** en Europe, visant à taxer les entreprises qui automatisent massivement leurs processus afin de financer des programmes de reconversion et de soutien aux travailleurs.

3. Éthique et responsabilité

Un autre domaine critique est la définition de **responsabilités légales** en cas de mauvais usage de l'IA, ou même de décisions prises de manière autonome par des systèmes d'IA. Qui est responsable si une machine prend une décision erronée ayant un impact sur un individu ou un groupe ?

Exemple : Dans le domaine médical, un algorithme de diagnostic erroné peut conduire à un mauvais traitement. Qui est responsable : le développeur, l'utilisateur ou l'algorithme lui-même ?

Proposition de solution :

- **Création d'un cadre éthique pour l'IA** : Des instances internationales et nationales devraient définir des lignes directrices éthiques pour l'usage de l'IA dans le travail, en mettant l'accent sur la transparence, la responsabilité et l'équité.

5.3 Exercice : Débat sur l'éthique de l'IA et son intégration dans le travail humain

Objectif de l'exercice :

Cet exercice vise à permettre aux lecteurs de réfléchir aux enjeux éthiques de l'IA dans le monde du travail et de débattre des solutions possibles. L'objectif est de sensibiliser les participants aux diverses perspectives concernant l'intégration de l'IA dans le travail humain, ainsi que de comprendre les implications sociales et économiques de cette technologie.

Déroulement :

1. **Constitution des groupes** : Divisez les participants en groupes de 4 à 6 personnes. Chaque groupe doit adopter une position spécifique sur l'intégration de l'IA dans le travail humain.

   ◦ Groupe 1 : L'IA doit remplacer une grande partie du travail humain pour améliorer la productivité.

   ◦ Groupe 2 : L'IA ne doit être utilisée que pour soutenir le travail humain, pas pour le remplacer.

   ◦ Groupe 3 : L'IA doit être strictement régulée et ne doit pas être autorisée à prendre des décisions indépendantes dans le monde du travail.

2. **Débat** : Chaque groupe présente son argumentation pendant 10 minutes. Après cela, un débat ouvert commence où chaque groupe peut répondre aux autres arguments.

3. **Synthèse et réflexion** : À la fin du débat, chaque participant doit noter une solution concrète qu'il propose pour équilibrer les avantages de l'IA avec ses implications éthiques et sociales dans le monde du travail.

CHAPITRE 6 : LES COMPÉTENCES TECHNIQUES INDISPENSABLES

L'intelligence artificielle (IA) est en train de redéfinir le paysage du travail, mais pour en tirer pleinement parti, il est crucial de comprendre et de maîtriser certaines compétences techniques. Ce chapitre explore les bases de l'IA et du machine learning, les compétences numériques clés à développer, et la manière dont ces compétences peuvent être appliquées pour réussir dans le monde du travail du futur. L'objectif est de préparer les travailleurs et les entrepreneurs à exploiter ces technologies afin de rester compétitifs et d'ouvrir de nouvelles opportunités professionnelles.

6.1 Initiation aux bases de l'IA et du machine learning

1. Qu'est-ce que l'IA ?

L'intelligence artificielle englobe des systèmes capables de réaliser des tâches normalement réservées aux humains, telles que la reconnaissance vocale, la prise de décisions, l'analyse d'images ou même la compréhension du langage naturel. Ces technologies sont basées sur des algorithmes complexes et des modèles qui apprennent et s'améliorent au fil du temps, rendant ainsi les machines plus intelligentes et plus efficaces.

2. Le machine learning : apprendre par l'expér-

ience

Le machine learning (ou apprentissage automatique) est une sous-catégorie de l'IA qui permet aux systèmes d'apprendre à partir de données, sans programmation explicite. En d'autres termes, le système est capable d'améliorer ses performances en analysant des données et en ajustant ses modèles en fonction des retours reçus. Cette capacité d'adaptation est ce qui distingue l'IA des systèmes informatiques classiques.

3. Les types de machine learning

- **Apprentissage supervisé** : Les données d'entraînement sont étiquetées (avec la réponse correcte) et le modèle apprend à prédire la sortie correcte en fonction des entrées.

- **Apprentissage non supervisé** : Les modèles cherchent des structures ou des patterns dans des données non étiquetées, sans indication préalable de la réponse correcte.

- **Apprentissage par renforcement** : Le modèle apprend en interagissant avec son environnement et en recevant des récompenses ou des punitions en fonction des actions effectuées.

4. Le Deep Learning et les réseaux neuronaux

Le deep learning est une branche du machine learning qui imite le fonctionnement du cerveau humain à travers des **réseaux neuronaux** profonds. Ces réseaux sont composés de plusieurs couches de neurones qui permettent de résoudre des problèmes plus complexes, comme la reconnaissance d'images et la traduction automatique.

6.2 Compétences numériques clés pour l'avenir du travail

1. Analyse de données

L'analyse de données est au cœur de l'IA. Les entreprises génèrent de grandes quantités de données, et la capacité à les collecter, les nettoyer, les analyser et les interpréter est essentielle pour prendre des décisions éclairées. Les professionnels qui maîtrisent l'analyse de données peuvent transformer des informations brutes en insights précieux.

Compétences clés :

- **Statistiques et mathématiques appliquées** : Pour comprendre les modèles de données et effectuer des analyses quantitatives.
- **Outils d'analyse de données** : Maîtrise des logiciels comme **Excel**, **Tableau**, **Power BI**, ou des langages de programmation comme **Python** et **R**.

2. Programmation

La programmation est essentielle pour interagir directement avec les systèmes d'IA. Les langages de programmation tels que **Python, Java, C++**, et **JavaScript** sont largement utilisés dans le domaine de l'IA. Python, en particulier, est le langage le plus populaire pour le machine learning et le deep learning grâce à ses bibliothèques et frameworks puissants tels que **TensorFlow**, **Keras**, et **PyTorch**.

Compétences clés :

- **Syntaxe et structures de base des langages de programmation.**
- **Frameworks de machine learning et deep learning.**
- **Gestion des bases de données et SQL.**

3. Cloud computing

Le cloud computing est un domaine essentiel pour les applications d'IA modernes. Il permet de stocker et de traiter des volumes massifs de données sans avoir à investir dans des infrastructures coûteuses. Des plate-formes comme **Amazon Web Services (AWS)**, **Microsoft Azure**, et **Google Cloud** offrent des services d'IA et des capacités de calcul adaptées pour l'entrainement de modèles et le traitement de données en grande échelle.

Compétences clés :

- **Gestion des services cloud** : Apprendre à utiliser les outils cloud pour déployer et gérer des solutions d'IA.
- **Calcul distribué et ressources GPU** : Utilisation des ressources en cloud pour les besoins de calcul de l'IA.

4. Gestion des systèmes IA

La gestion des systèmes IA inclut l'optimisation des performances des modèles d'IA, la gestion des processus de formation des modèles, ainsi que l'application des principes d'éthique et de sécurité des données dans le développement des solutions d'IA.

Compétences clés :

- **Supervision des modèles IA** : Suivi de la performance des modèles et ajustements nécessaires.
- **Déploiement et Scalabilité des systèmes IA.**
- **Ethique et biais algorithmique** : Assurer l'équité et la transparence dans les systèmes d'IA.

6.3 Exercice : Essayer un outil IA (ChatGPT, MidJourney, AutoGPT) et analyser son impact sur le travail

Objectif de l'exercice :

Cet exercice permet aux lecteurs d'expérimenter directement avec des outils d'IA populaires, d'observer leur fonctionnement et d'évaluer leur impact potentiel sur le monde du travail. L'objectif est de familiariser les participants avec l'utilisation pratique de ces technologies tout en réfléchissant à leurs implications professionnelles.

1. Choix de l'outil IA :

- **ChatGPT** : Un modèle de langage développé par OpenAI, capable de générer des textes cohérents à partir de prompts donnés.
- **MidJourney** : Un outil de création d'images basé sur l'IA qui transforme des descriptions textuelles en images.
- **AutoGPT** : Une version plus autonome de GPT, permettant de générer des actions basées sur

des objectifs donnés (idéal pour les entrepreneurs et les développeurs).

2. Déroulement :

1. **Découverte de l'outil** : Demandez aux participants d'interagir avec l'un des outils mentionnés, en explorant les possibilités qu'il offre (par exemple, générer du texte, des images ou des solutions).

2. **Observation des résultats** : Après avoir utilisé l'outil, les participants doivent analyser les résultats obtenus et en discuter :

   - Quel est le potentiel de cet outil pour améliorer leur propre travail ou celui de leur entreprise ?

   - Quelles tâches de leur travail pourraient être facilitées ou automatisées par cet outil ?

   - Quelles compétences sont nécessaires pour exploiter pleinement ces outils dans le cadre professionnel ?

3. **Analyse de l'impact sur le travail** : Encouragez les participants à réfléchir à l'impact de ces outils sur leur secteur d'activité. Cela pourrait inclure la réduction de la charge de travail, l'amélioration de la créativité, l'optimisation des processus, ou même l'émergence de nouvelles opportunités professionnelles grâce à l'automatisation.

CHAPITRE 7 : LES SOFT SKILLS ESSENTIELLES À L'ÈRE DE L'IA

Dans un monde de plus en plus dominé par l'intelligence artificielle, les compétences techniques ne suffisent pas à elles seules. Les "soft skills", ces compétences humaines et interpersonnelles, deviennent essentielles pour réussir dans l'ère de l'IA. Alors que l'automatisation et les algorithmes prennent en charge les tâches répétitives et analytiques, les compétences humaines sont celles qui permettent aux individus de se démarquer et de prospérer dans un environnement de travail en constante évolution.

Ce chapitre explore les soft skills clés qui seront cruciales dans un monde où l'IA occupe une place prépondérante. L'accent est mis sur l'adaptabilité, la pensée critique, l'intelligence émotionnelle, la créativité et la capacité à résoudre des problèmes complexes. Ces compétences sont complémentaires aux compétences techniques et sont celles qui permettront aux travailleurs de s'adapter aux changements rapides du marché du travail.

7.1 Adaptabilité : Naviguer dans un monde en mutation

1. L'importance de l'adaptabilité

L'adaptabilité est l'une des soft skills les plus importantes dans l'ère de l'IA. Les technologies évoluent rapidement, et les travailleurs doivent être capables de s'ajuster à ces changements. L'IA ne remplace pas uniquement certains métiers, elle redéfinit les rôles, les processus et les attentes. La capacité à apprendre de nouvelles compétences, à accepter les changements et à s'adapter aux nouvelles technologies est désormais un impératif.

2. Comment développer l'adaptabilité ?

Pour développer l'adaptabilité, il est crucial de sortir de sa zone de confort et de rester curieux. Cela implique d'acquérir régulièrement de nouvelles compétences, de faire preuve de flexibilité face aux nouvelles situations et de gérer efficacement les incertitudes. Les travailleurs doivent adopter une mentalité de croissance et être prêts à voir l'IA comme un outil d'amélioration et non comme une menace.

7.2 Pensée critique : Analyser et évaluer les informations

1. Pourquoi la pensée critique est cruciale ?

La pensée critique devient essentielle dans un monde où les IA produisent une quantité massive de données et d'informations. Être capable d'analyser et d'évaluer ces informations de manière rationnelle et objective est nécessaire pour prendre des décisions éclairées. La pensée critique permet aux travailleurs de distinguer les informations pertinentes et de remettre en question les hypothèses des systèmes d'IA, assurant ainsi que l'humain reste en contrôle de la prise de décision.

2. Développer la pensée critique

La pensée critique se cultive par l'entraînement mental, la remise en question systématique des faits et des perspectives, et la capacité à aborder un problème sous différents angles. Cela implique également de savoir identifier les biais dans les données ou dans les modèles d'IA et d'en tenir compte lors de la prise de décision.

7.3 Intelligence émotionnelle : L'humain au cœur de l'IA

1. Qu'est-ce que l'intelligence émotionnelle ?

L'intelligence émotionnelle (IE) est la capacité à reconnaître, comprendre et gérer ses émotions et celles des autres. Dans un monde de plus en plus automatisé, l'IE devient indispensable, car elle favorise la collaboration, la gestion des conflits, et l'empathie. L'IA peut automatiser de nombreuses tâches techniques, mais elle ne peut pas remplacer les interactions humaines fondées sur des émotions et des relations.

2. Les composantes de l'IE

- **La conscience de soi** : Comprendre ses propres émotions et leurs impacts sur les décisions.

- **La gestion des émotions** : Contrôler ses émotions et les utiliser de manière constructive.

- **L'empathie** : Comprendre les émotions des autres et répondre de manière appropriée.

- **Les compétences sociales** : Savoir interagir

efficacement avec les autres et gérer les relations.

3. Comment améliorer son intelligence émotionnelle ?

L'amélioration de l'IE passe par la pratique de l'écoute active, le développement de la conscience de soi, et la gestion des émotions dans des situations stressantes. Participer à des formations en développement personnel ou pratiquer des techniques de pleine conscience peuvent également renforcer l'IE.

7.4 Créativité : Le moteur de l'innovation

1. L'importance de la créativité dans l'ère de l'IA

Bien que l'IA puisse automatiser de nombreuses tâches logiques et analytiques, elle reste limitée lorsqu'il s'agit de créer des idées originales ou de faire preuve d'imagination. La créativité, qu'elle soit appliquée à la résolution de problèmes, à la conception de nouveaux produits ou à l'innovation de processus, devient ainsi une compétence indispensable pour compléter l'IA. Les travailleurs capables d'imaginer de nouvelles solutions et de penser en dehors des sentiers battus auront un avantage décisif.

2. Comment cultiver sa créativité ?

La créativité peut être développée en diversifiant ses expériences et en s'exposant à de nouvelles idées. Cela peut inclure la pratique de techniques comme le brainstorming, la cartographie mentale, ou même l'exploration de disciplines différentes pour nourrir l'innovation. Il est également essentiel de donner de l'espace à l'expérimentation et à l'échec, car c'est souvent par l'erreur que naissent les meilleures idées.

7.5 Résolution de problèmes complexes : Trouver des solutions là où l'IA bute

1. Pourquoi cette compétence est essentielle ?

Les IA sont efficaces pour résoudre des problèmes précis et répétitifs, mais elles peinent encore lorsqu'il s'agit de gérer des problèmes complexes, nuancés et multidimensionnels. Les travailleurs de demain devront être capables de décomposer des problèmes complexes, d'identifier les causes profondes et de proposer des solutions innovantes que l'IA ne peut pas encore envisager.

2. Comment améliorer la résolution de problèmes complexes ?

La résolution de problèmes complexes nécessite une approche systémique. Il est important de se concentrer sur l'analyse des problèmes sous différents angles, de penser à long terme et de tester plusieurs hypothèses avant de prendre une décision. Le développement de cette compétence implique aussi une pratique régulière de la prise de décision dans des environnements incertains et changeants.

7.6 Exercice : Auto-évaluation de ses

soft skills et plan d'amélioration

Objectif de l'exercice :

Cet exercice est conçu pour permettre aux participants de faire un état des lieux de leurs soft skills actuelles, de comprendre les domaines dans lesquels ils peuvent s'améliorer, et de développer un plan d'action pour renforcer ces compétences essentielles.

1. Évaluation des soft skills :

Les participants devront répondre à une série de questions d'auto-évaluation portant sur les différentes soft skills abordées dans le chapitre :

- Êtes-vous capable de vous adapter à un environnement de travail changeant ?
- Utilisez-vous la pensée critique pour analyser des informations ou des situations complexes ?
- Comment gérez-vous vos émotions dans un contexte professionnel ?
- Avez-vous déjà trouvé des solutions créatives pour résoudre un problème difficile ?
- Comment abordez-vous des problèmes complexes qui nécessitent une réflexion approfondie ?

2. Plan d'amélioration :

Après l'auto-évaluation, chaque participant devra rédiger un plan d'action en identifiant des actions concrètes pour améliorer ses soft skills. Cela pourrait inclure la participation à des formations, la pratique de techniques de gestion du stress, ou l'engagement dans des projets innovants pour stimuler la créativité.

CHAPITRE 8 : COMMENT AP-PRENDRE EN CONTINU AVEC L'IA ?

L'apprentissage en continu est devenu un impératif dans l'ère de l'IA, où les technologies évoluent à un rythme effréné. Pour rester compétitif et adapté aux changements constants du monde du travail, il est essentiel d'intégrer des outils et des stratégies qui permettent d'acquérir de nouvelles compétences de manière proactive. Heureusement, l'intelligence artificielle offre des solutions puissantes pour faciliter cet apprentissage et le rendre plus personnalisé, flexible et accessible.

Ce chapitre explore les différents outils et ressources que l'IA met à disposition pour soutenir l'apprentissage continu, tout en offrant des stratégies pour maintenir une veille technologique efficace. Nous aborderons également une étude de cas qui illustre comment un employé a utilisé l'IA pour évoluer dans sa carrière et rester compétitif dans un environnement de travail en constante mutation.

8.1 Outils IA pour l'apprentissage

1. Tutoriels IA : Une aide personnalisée pour l'apprentissage

Les tutoriels IA sont des ressources qui utilisent des systèmes intelligents pour guider les utilisateurs à travers des leçons ou des exercices. Ces outils peuvent personnaliser les parcours d'apprentissage en fonction des progrès de l'utilisateur, en proposant des défis de plus en plus complexes ou des explications plus détaillées si nécessaire. Par exemple, des plateformes comme **Duolingo** pour l'apprentissage des langues utilisent des algorithmes d'IA pour s'adapter au niveau de chaque utilisateur, permettant ainsi un apprentissage sur mesure.

2. Plateformes de formation adaptative

Les plateformes de formation adaptative utilisent l'IA pour analyser le niveau de compétence des utilisateurs et adapter les contenus en fonction de leurs besoins individuels. Ces plateformes permettent aux apprenants d'évoluer à leur propre rythme, d'identifier leurs points faibles et de se concentrer sur les domaines où ils ont besoin d'amélioration. Des exemples de telles plateformes incluent **Coursera**, **Udacity** ou **LinkedIn Learning**, qui utilisent des algorithmes pour recommander des cours et des formations en fonction des compétences actuelles et des objectifs de carrière de l'apprenant.

3. Chatbots et assistants virtuels

Les chatbots alimentés par IA, comme **ChatGPT**, peuvent jouer un rôle clé dans l'apprentissage en continu. Ces assistants virtuels peuvent répondre instantanément aux questions, fournir des explications sur des concepts difficiles, ou même guider les utilisateurs dans la réalisation d'exercices. Leur disponibilité 24/7 en fait des outils très pratiques pour un apprentissage flexible et autonome.

8.2 Stratégies pour maintenir une veille technologique efficace

1. Suivi des tendances à travers les outils d'IA

L'IA peut également être utilisée pour rester à jour sur les dernières tendances et évolutions technologiques. Des outils comme **Feedly** et **Pocket** permettent aux utilisateurs de créer des flux personnalisés, basés sur des sources d'actualités technologiques et des articles en lien avec des sujets d'intérêt. Ces outils utilisent des algorithmes d'IA pour recommander les articles les plus pertinents, permettant ainsi de suivre facilement les innovations dans un domaine spécifique.

2. Utiliser les alertes et notifications automatisées

Les outils d'alertes automatisées, comme **Google Alerts**, peuvent également aider à maintenir une veille efficace. L'IA permet de personnaliser les alertes en fonction des mots-clés et des sujets qui vous intéressent. Ces alertes peuvent inclure des informations sur de nouveaux articles, des recherches, ou des études dans des domaines technologiques spécifiques.

3. Participer à des communautés et forums en ligne

Les forums et les communautés en ligne (comme **Reddit**, **Stack Overflow**, ou des groupes LinkedIn spécialisés) sont d'excellents moyens de se tenir informé des dernières évolutions dans des domaines spécifiques. Ces plateformes bénéficient de l'IA pour filtrer et recommander des discussions et des articles pertinents. En y participant activement, vous pouvez non seulement apprendre des autres mais aussi rester à la pointe des technologies émergentes.

8.3 Étude de cas : Comment un employé a utilisé l'IA pour améliorer ses compétences et évoluer dans sa carrière

Le cas de Sophie, analyste de données

Sophie, analyste de données dans une grande entreprise de marketing, avait du mal à suivre le rythme des changements technologiques dans son domaine. L'introduction de nouvelles technologies d'IA dans son secteur l'a poussée à s'intéresser à l'apprentissage continu. Pour cela, elle a utilisé une combinaison d'outils IA et de stratégies d'apprentissage pour améliorer ses compétences et rester compétitive.

1. Utilisation de plateformes de formation adaptative

Sophie a commencé par s'inscrire à des cours de **data science** sur **Coursera**. La plateforme d'apprentissage adaptative lui a permis de suivre un parcours personnalisé en fonction de son niveau de compétence initial et de ses objectifs professionnels. Les modules sur l'apprentissage automatique et l'analyse de données ont été conçus de manière à l'aider à progresser étape par étape, en ajustant le contenu et les exercices en fonction de ses progrès.

2. Apprentissage grâce à des tutoriels IA

En parallèle, Sophie a utilisé **ChatGPT** pour poser des questions sur des concepts difficiles et recevoir des explications supplémentaires sur les algorithmes de machine learning et l'analyse de données. Cela lui a permis de renforcer sa compréhension en dehors de ses heures de travail, en obtenant des réponses instantanées et des exemples pratiques.

3. Maintien d'une veille technologique active

Pour rester informée des dernières tendances, Sophie a configuré des **Google Alerts** sur des mots-clés comme "IA dans le marketing" et "data science avancée". De plus, elle a rejoint plusieurs groupes LinkedIn où les professionnels de la data science échangent sur les dernières innovations. Ces ressources l'ont aidée à découvrir de nouvelles technologies et à comprendre leur impact sur son secteur.

4. Résultats de l'apprentissage continu

Grâce à ces outils d'apprentissage alimentés par l'IA, Sophie a acquis de nouvelles compétences en analyse de données avancée et en machine learning. Elle a pu les appliquer directement à son travail, ce qui a amélioré sa productivité et sa capacité à résoudre des problèmes complexes. Après quelques mois, elle a été promue à un poste de chef d'équipe en raison de ses nouvelles compétences techniques, ce qui a également conduit à une augmentation de son salaire.

8.4 Exercice : Créer un plan

d'apprentissage continu avec l'IA

Objectif de l'exercice :

Cet exercice a pour but d'aider les lecteurs à élaborer leur propre plan d'apprentissage continu en utilisant les outils et stratégies discutés dans le chapitre. En appliquant les concepts et ressources disponibles, les participants peuvent définir un parcours d'apprentissage adapté à leurs besoins professionnels.

1. Identifier les domaines à améliorer

Prenez un moment pour réfléchir aux compétences que vous souhaitez développer dans les mois à venir. Quels domaines de votre travail ou de votre secteur nécessitent des mises à jour ou une amélioration ? Il peut s'agir de compétences techniques, comme l'analyse de données, ou de soft skills, comme la gestion du temps.

2. Sélectionner des outils d'IA pour l'apprentissage

En fonction de vos objectifs, choisissez des outils d'IA adaptés à vos besoins d'apprentissage. Par exemple, vous pourriez vous inscrire à des cours sur **Udemy**, utiliser **ChatGPT** pour des explications personnalisées, ou suivre une plateforme de formation adaptative comme **LinkedIn Learning**.

3. Créer un calendrier d'apprentissage

Élaborez un calendrier d'apprentissage réaliste qui vous permet de consacrer du temps chaque semaine à votre développement personnel. Ce plan doit inclure des sessions d'apprentissage pratiques, des moments pour consulter des articles ou des études de cas, et des périodes de révision.

4. Suivre et ajuster le plan

Utilisez des outils de suivi de progression pour évaluer votre évolution. Par exemple, après chaque mois d'apprentissage, faites le point sur ce que vous avez appris, ce qui fonctionne et ce qui peut être amélioré. Cela vous permettra d'ajuster votre plan d'apprentissage en fonction de vos progrès.

CHAPITRE 9 : TRAVAILLER AVEC L'IA PLUTÔT QUE CONTRE ELLE

L'intelligence artificielle n'est pas simplement un outil de remplacement pour les tâches humaines, mais plutôt un partenaire puissant qui peut améliorer l'efficacité, la créativité et la productivité des professionnels dans divers secteurs. L'avenir du travail n'est pas une question de remplacer l'humain par la machine, mais de savoir comment collaborer efficacement avec ces technologies pour en tirer le meilleur parti. Ce chapitre explore comment travailler de manière synergique avec l'IA pour atteindre des résultats optimaux et intégrer ces outils dans votre quotidien professionnel.

9.1 Comment collaborer avec des outils IA pour améliorer son efficacité

1. Automatisation des tâches répétitives

Les outils d'IA permettent de prendre en charge les tâches répétitives et à faible valeur ajoutée, libérant ainsi du temps pour que les professionnels puissent se concentrer sur des activités à plus forte valeur. Des tâches telles que la gestion des emails, l'analyse de données ou même la planification de rendez-vous peuvent être automatisées grâce à l'IA, permettant aux employés d'optimiser leur efficacité.

Par exemple, des outils comme **Zapier** ou **Integromat**

utilisent l'IA pour connecter différentes applications et automatiser des flux de travail. Cela peut être aussi simple que de déplacer automatiquement les emails entrants dans des dossiers spécifiques ou d'envoyer des rappels de suivi après une réunion.

2. Collaboration augmentée dans les projets d'équipe

L'IA facilite également la collaboration entre les membres d'une équipe en automatisant des tâches de coordination, en analysant les performances et en fournissant des insights pour améliorer l'efficacité collective. Par exemple, des outils comme **Trello** ou **Asana** peuvent utiliser l'IA pour analyser l'avancement d'un projet et proposer des ajustements afin d'optimiser les délais de livraison.

3. Prise de décision éclairée

Les outils d'IA peuvent analyser de grandes quantités de données en temps réel et fournir des insights qui aident à prendre des décisions plus éclairées. Par exemple, dans des secteurs comme le marketing ou la finance, l'IA peut aider à identifier des tendances cachées ou à prédire des comportements futurs basés sur des modèles de données. Cela permet aux professionnels de prendre des décisions plus stratégiques et mieux informées.

9.2 Stratégies pour intégrer l'IA dans son quotidien professionnel

1. Évaluer les processus professionnels automatisables

La première étape pour intégrer l'IA dans son quotidien professionnel est de procéder à une évaluation des processus ou tâches répétitives dans son flux de travail. Cela inclut des tâches administratives, la gestion des emails, l'organisation des documents ou l'analyse de données. Identifier ces processus vous permet de choisir les bons outils IA pour automatiser ces tâches, libérant ainsi du temps pour des activités plus créatives et stratégiques.

2. Choisir les bons outils IA pour votre secteur

Il existe de nombreuses applications et outils d'IA adaptés à divers secteurs d'activité. Par exemple :

- **Marketing** : Utiliser des outils comme **Hub-Spot** ou **Hootsuite** pour automatiser la gestion des campagnes publicitaires, la collecte de leads ou l'analyse des performances des campagnes.

- **Ressources humaines** : Des outils comme **HireVue** utilisent l'IA pour analyser les entretiens vidéo et aider à sélectionner les meilleurs candidats.

- **Finance** : Des applications comme **QuickBooks** ou **Xero** peuvent automatiser les processus de comptabilité et de gestion financière.

3. Former les équipes à l'utilisation de l'IA

L'intégration réussie de l'IA dans un environnement de travail dépend également de la formation des équipes. Assurez-vous que les membres de votre équipe comprennent les outils que vous mettez en place et sachent comment les utiliser efficacement. Organisez des sessions de formation régulières et encouragez une culture de l'apprentissage continu afin que tout le monde reste informé des nouvelles technologies.

4. Mesurer l'impact de l'IA sur les résultats

Pour évaluer si l'IA a réellement amélioré votre efficacité, il est important de suivre les résultats avant et après son intégration. Mesurez des critères tels que le temps économisé, la qualité des résultats, l'augmentation de la productivité ou l'amélioration des performances. Cette évaluation vous permettra de mieux comprendre les bénéfices de l'IA et d'ajuster son utilisation en fonction de vos objectifs.

9.3 Exercice : Automatiser une tâche répétitive avec un outil d'IA

Objectif de l'exercice :

L'objectif de cet exercice est de mettre en pratique l'automatisation d'une tâche répétitive dans votre quotidien professionnel à l'aide d'un outil d'IA. Ce processus vous aidera à mieux comprendre comment l'IA peut vous faire gagner du temps et améliorer votre productivité.

Étape 1 : Identifier une tâche répétitive

Réfléchissez à une tâche quotidienne ou hebdomadaire que vous effectuez fréquemment et qui pourrait être automatisée. Cela pourrait être la gestion des emails, la planification de rendez-vous, la création de rapports, la gestion des documents ou l'analyse de données.

Étape 2 : Choisir un outil d'IA adapté

Une fois que vous avez identifié la tâche à automatiser, choisissez un outil d'IA adapté. Voici quelques suggestions :

- **Gestion des emails** : Utilisez des outils comme **SaneBox** pour organiser vos emails automatiquement.

- **Planification de rendez-vous** : Utilisez des outils comme **Calendly** qui permettent d'automatiser la prise de rendez-vous.

- **Automatisation des flux de travail** : Utilisez des outils comme **Zapier** ou **Integromat** pour connecter vos applications et automatiser les tâches entre elles.

Étape 3 : Automatiser la tâche

En fonction de l'outil choisi, suivez les étapes pour configurer l'automatisation de la tâche identifiée. Par exemple, si vous avez choisi **Zapier**, vous pouvez créer un flux de travail automatisé pour transférer des informations d'un formulaire Google vers une feuille de calcul Excel. Si vous utilisez **Calendly**, configurez-le pour qu'il envoie automatiquement des invitations aux réunions dès qu'un créneau est réservé.

Étape 4 : Mesurer l'efficacité de l'automatisation

Après avoir automatisé la tâche, mesurez le temps que vous avez économisé. Suivez l'impact sur votre efficacité, la précision des résultats, et l'amélioration générale de votre workflow. Demandez-vous si cette automatisation vous permet de consacrer plus de temps à des tâches à plus forte valeur ajoutée.

CHAPITRE 10 :
L'ENTREPRENEURIAT ET L'IA :
UNE OPPORTUNITÉ À SAISIR

L'intelligence artificielle ouvre un large éventail de nouvelles opportunités pour les entrepreneurs. De la création de nouveaux produits et services à l'optimisation des processus internes, l'IA transforme radicalement la manière dont les entreprises sont créées, gérées et développées. Ce chapitre explore comment les entrepreneurs peuvent tirer parti de l'IA pour créer des entreprises innovantes, compétitives et résilientes dans un monde en constante évolution.

10.1 Comment l'IA crée de nouvelles opportunités de business

L'IA révolutionne les secteurs traditionnels et crée de nouvelles niches de marché, offrant des possibilités sans précédent pour les entrepreneurs. Voici quelques façons dont l'IA est utilisée pour créer des opportunités d'affaires :

1. Automatisation des processus et réduction des coûts

L'automatisation des processus est l'une des applications les plus évidentes de l'IA pour les entrepreneurs. Des entreprises de toutes tailles utilisent l'IA pour automatiser des tâches telles que la gestion des stocks, la logistique, le service client, ou même la création de contenus. Cela permet non seulement de réduire les coûts opérationnels, mais aussi d'augmenter l'efficacité et la productivité.

2. Personnalisation des produits et services

L'IA permet aux entreprises de proposer des produits et services personnalisés à une échelle sans précédent. Par exemple, des entreprises comme **Netflix** ou **Amazon** utilisent des systèmes de recommandation basés sur l'IA pour proposer des contenus ou des produits spécifiquement adaptés aux préférences de leurs clients. De même, des startups dans des secteurs comme la mode ou la santé commencent à utiliser l'IA pour créer des expériences personnalisées pour leurs clients.

3. Nouvelles solutions technologiques et produits innovants

Les progrès de l'IA ouvrent la voie à de nouveaux produits et services qui n'étaient pas possibles auparavant. Des innovations dans les domaines de la santé, de l'éducation, de l'automobile, ou même de l'agriculture sont en plein essor grâce à l'IA. Par exemple, des **startups en santé** utilisent l'IA pour développer des outils de diagnostic plus rapides et précis, tandis que d'autres explorent l'IA pour améliorer l'agriculture de précision.

4. Optimisation des processus marketing

L'IA peut être utilisée pour prédire les comportements des consommateurs, segmenter des marchés, analyser de grandes quantités de données clients et améliorer les campagnes marketing. Par exemple, des outils d'IA comme **HubSpot** ou **Google Analytics** permettent d'optimiser les campagnes publicitaires et d'analyser le retour sur investissement.

10.2 Exemples de startups qui utilisent l'IA pour innover

De nombreuses startups profitent de l'IA pour créer des entreprises de demain. Voici quelques exemples inspirants :

1. Zebra Medical Vision (Santé)

Zebra Medical Vision utilise l'IA pour analyser des images médicales et aider au diagnostic des maladies. Leur technologie permet de détecter des anomalies dans les radiographies et les IRM, offrant ainsi une solution rapide et efficace pour les médecins. Cette innovation a le potentiel de transformer les soins de santé, en rendant le diagnostic plus précis et accessible.

2. UiPath (Automatisation des processus)

UiPath est une startup spécialisée dans l'automatisation des processus robotisés (RPA). Leur IA permet aux entreprises de créer des robots logiciels pour automatiser les tâches répétitives et complexes. Cela permet aux employés de se concentrer sur des tâches à plus forte valeur ajoutée, tout en réduisant les erreurs humaines et les coûts opérationnels.

3. OpenAI (Intelligence artificielle générale)

OpenAI, l'entreprise à l'origine de **ChatGPT**, est un exemple phare d'une startup utilisant l'IA pour révolutionner le monde des technologies de l'information. Leur modèle GPT-3, un réseau de neurones profond, permet de générer des réponses humaines et intelligentes à partir de n'importe quel type de texte, ce qui a ouvert la voie à des applications innovantes dans les secteurs de la rédaction de contenu, de l'éducation, et du service client.

4. DeepMind (Recherche en IA)

DeepMind, une entreprise acquise par Google, est un pionnier dans le domaine de l'IA. Ils ont développé des systèmes d'IA qui ont battu des champions humains à des jeux comme le **Go**. En plus de ces succès en intelligence artificielle, DeepMind s'intéresse à des domaines comme la biologie computationnelle pour résoudre des problèmes complexes dans la médecine et la recherche scientifique.

5. Clarifai (Reconnaissance visuelle)

Clarifai est une startup spécialisée dans la reconnaissance d'images et de vidéos grâce à l'IA. Leur technologie d'analyse d'image permet aux entreprises de détecter des objets, des personnes et des comportements dans les images, améliorant ainsi les expériences des utilisateurs dans des secteurs comme la sécurité, la publicité, et même le commerce de détail.

10.3 Exercice : Trouver une idée d'entreprise intégrant l'IA

Objectif de l'exercice :

Cet exercice vous aidera à réfléchir à une idée d'entreprise innovante qui utilise l'IA comme moteur principal de sa proposition de valeur. Vous serez amené à identifier un secteur d'activité, repérer les défis existants, et concevoir une solution IA adaptée à ces besoins.

Étape 1 : Identifier un secteur d'activité ou un problème à résoudre

Réfléchissez à un secteur d'activité que vous connaissez ou qui vous intéresse. Cela peut être la santé, l'éducation, la logistique, le marketing, l'environnement, l'agriculture, ou tout autre domaine. Identifiez les problèmes ou inefficacités que vous voyez dans ce secteur. Par exemple, dans le secteur de la santé, un problème pourrait être l'accès aux soins médicaux dans les régions éloignées.

Étape 2 : Analyser comment l'IA peut résoudre ce problème

Réfléchissez à la manière dont l'IA peut aider à résoudre ce problème. Quels outils d'IA pourraient être utilisés pour améliorer la situation ? Par exemple, dans l'éducation, l'IA pourrait être utilisée pour créer des tuteurs virtuels personnalisés, tandis que dans l'agriculture, des systèmes de capteurs intelligents peuvent prédire les besoins en eau des cultures et optimiser l'irrigation.

Étape 3 : Développer une proposition de valeur

Formulez une proposition de valeur claire pour votre entreprise. Qu'est-ce qui rend votre solution unique et pourquoi l'IA est-elle essentielle pour résoudre le problème que vous avez identifié ? Par exemple, une proposition de valeur pourrait être "offrir un diagnostic médical instantané et fiable via une application mobile utilisant l'IA."

Étape 4 : Évaluer la viabilité du modèle d'entreprise

Réfléchissez à la manière dont vous allez commercialiser votre idée. Comment générerez-vous des revenus ? Allez-vous offrir un service SaaS (Software as a Service), vendre une application, ou intégrer votre technologie à des produits existants ? Pensez également à l'impact social et éthique de votre idée.

Étape 5 : Tester l'idée

Si possible, testez votre idée en développant un prototype simple ou un Minimum Viable Product (MVP). Par exemple, vous pouvez utiliser des outils de création de chatbot IA pour tester une version simplifiée de votre service et voir comment les utilisateurs réagissent.

CHAPITRE 11 : CONSTRUIRE UN PLAN DE CARRIÈRE À L'ÈRE DE L'IA

L'intelligence artificielle transforme profondément le monde du travail, non seulement en influençant les secteurs industriels mais aussi en redéfinissant les carrières. Pour rester compétitif et réussir dans ce paysage en constante évolution, il est essentiel de comprendre les tendances actuelles et futures du marché du travail, d'identifier les opportunités offertes par l'IA et de construire un plan de carrière solide et adaptable. Ce chapitre vous guidera à travers ces étapes pour vous aider à sécuriser un avenir professionnel prospère dans un monde où l'IA occupe une place de plus en plus centrale.

11.1 Identifier les tendances et opportunités du marché

1. L'impact de l'IA sur la demande de compétences

L'un des changements les plus importants dans le monde du travail à l'ère de l'IA est la réorganisation des compétences nécessaires. Certaines compétences deviennent obsolètes tandis que de nouvelles compétences émergent, ce qui crée des opportunités de carrière dans des domaines en plein essor.

Tendances clés :

- **Croissance de la demande pour les compétences en IA et en data science** : Les professions liées à l'IA, telles que data scientist, ingénieur en machine learning, et éthicien de l'IA, sont en forte demande.

- **La montée des compétences non techniques** : La créativité, l'intelligence émotionnelle, l'adaptabilité et la pensée critique deviennent cruciales, car ces compétences humaines ne peuvent pas être facilement automatisées.

- **L'accent mis sur l'apprentissage continu** : Les entreprises recherchent des employés capables de se former en permanence et de s'adapter à des technologies nouvelles, ce qui pousse à la mise en place d'un apprentissage agile et flexible.

- **Les opportunités dans les secteurs de l'IA et de l'automatisation** : Des domaines comme la santé, la logistique, l'éducation et la finance voient une adoption accrue de l'IA, créant ainsi de nouveaux rôles et de nouvelles opportunités pour les travailleurs qualifiés.

2. Les métiers du futur : quelles professions seront à la mode ?

L'évolution de l'IA modifie les métiers et en crée de nouveaux. Voici quelques secteurs où l'IA génère des opportunités :

- **Technologies émergentes** : L'IA, la blockchain,

la réalité virtuelle (VR), et la réalité augmentée (AR) redéfinissent l'industrie tech et offrent des possibilités de carrière dans des domaines innovants.

- **Métiers liés à l'éthique de l'IA** : À mesure que l'IA devient omniprésente, des rôles comme l'éthicien de l'IA et le régulateur de données seront de plus en plus sollicités.

- **L'automatisation des processus et l'optimisation** : Les métiers dans le domaine de l'automatisation, du cloud computing et de la gestion des données deviendront essentiels pour accompagner les entreprises dans leur transformation digitale.

3. Les compétences transversales recherchées

Outre les compétences techniques, il y a un besoin croissant de compétences interpersonnelles et de leadership pour naviguer avec succès dans un environnement de travail technologique.

- **Créativité et innovation** : L'IA, bien qu'utile pour automatiser des tâches répétitives, ne remplace pas la capacité humaine à résoudre des problèmes complexes, à imaginer des solutions innovantes et à créer des produits ou services uniques.

- **Communication efficace et collaboration** : Travailler avec des technologies intelligentes demande une excellente communication, tant avec les outils IA qu'avec les autres membres de l'équipe.

11.2 Établir un plan d'action pour sécuriser son avenir professionnel

1. Fixer des objectifs clairs et mesurables

Un plan de carrière efficace commence par des objectifs clairs et bien définis. Pour réussir dans l'ère de l'IA, il est essentiel d'adopter une approche proactive de son développement professionnel. Cela inclut :

- **Évaluer ses compétences actuelles** : Faites le point sur vos compétences actuelles et identifiez celles qui sont obsolètes ou qui nécessitent une mise à jour. Cela inclut les compétences techniques, mais aussi les compétences en gestion, en résolution de problèmes, et en leadership.

- **Définir un objectif professionnel à court et moyen terme** : Décidez de la direction dans laquelle vous voulez évoluer. Voulez-vous devenir expert en IA, ou préférez-vous vous orienter vers un rôle qui combine IA et compétences humaines, comme celui de chef de projet en transformation numérique ?

- **Évaluer les opportunités dans votre secteur** : Recherchez des métiers en forte croissance dans votre domaine d'activité. Par exemple, dans le domaine de la santé, les emplois liés à la gestion de l'IA et au développement d'applications de diagnostic intelligent connaissent une demande croissante.

2. Acquérir les compétences nécessaires

Pour assurer votre réussite, vous devrez constamment actualiser vos compétences. Un apprentissage tout au long de la vie est essentiel dans un monde en perpétuelle évolution technologique.

Quelques actions à envisager :

- **Formations spécialisées** : Recherchez des formations sur l'intelligence artificielle, la science des données, ou des domaines spécifiques en demande comme la robotique, la blockchain ou le cloud computing.

- **Certifications** : Obtenez des certifications dans des outils spécifiques à l'IA, comme Python, TensorFlow, ou des logiciels de data science.

- **Suivre des cours en ligne et des MOOCs** : Profitez des ressources disponibles sur des plateformes comme **Coursera**, **Udemy**, ou **edX** pour apprendre à votre rythme.

3. Construire un réseau professionnel solide

Avoir un bon réseau professionnel est essentiel pour saisir les opportunités de carrière à l'ère de l'IA. Participez à des événements en ligne et hors ligne, des conférences sur l'IA et la technologie, et rejoignez des communautés professionnelles. Cela vous permettra non seulement d'apprendre des autres, mais aussi de découvrir des opportunités d'emploi ou de collaboration.

11.3 Exercice : Rédiger un plan de carrière intégrant l'IA

Objectif de l'exercice :

Cet exercice vous aidera à formaliser votre plan de carrière en tenant compte des tendances actuelles de l'IA et en identifiant des actions concrètes pour sécuriser votre avenir professionnel dans un environnement où l'IA joue un rôle croissant.

Étape 1 : Évaluation personnelle

- **Listez vos compétences actuelles** : Quelles compétences possédez-vous déjà qui peuvent être renforcées ou adaptées à l'ère de l'IA ? Par exemple, si vous travaillez dans la finance, une bonne maîtrise des outils d'analyse de données et des connaissances en AI pour la gestion des portefeuilles peuvent être des atouts majeurs.

- **Identifiez vos points faibles** : Y a-t-il des compétences techniques ou non techniques que vous devez développer ? Par exemple, l'apprentissage de l'analyse de données ou l'acquisition de compétences en gestion de projet agile pourraient être des priorités.

Étape 2 : Fixer des objectifs à court et moyen terme

- **Objectifs à court terme (1 à 2 ans)** : Par exemple, compléter une certification en science des données, commencer un projet freelance qui intègre l'IA ou améliorer vos soft skills en leadership.

- **Objectifs à moyen terme (3 à 5 ans)** : Par exemple, évoluer vers un rôle de manager dans une entreprise qui utilise l'IA, ou obtenir une promotion dans votre entreprise actuelle en menant des projets utilisant des outils d'IA.

Étape 3 : Élaborer un plan d'action

- **Développer des compétences techniques** : Inscrivez-vous à des formations spécifiques à l'IA et aux technologies connexes.

- **Renforcer vos compétences humaines** : Engagez-vous dans des pratiques de développement personnel pour renforcer vos soft skills comme l'empathie, l'adaptabilité et la pensée critique.

- **Établir un réseau professionnel** : Assurez-vous de participer à des événements sur l'IA et d'entrer en contact avec des professionnels du secteur.

CHAPITRE 12 : TROUVER UN EMPLOI OU SE RECON-VERTIR AVEC L'IA

L'intelligence artificielle n'est pas seulement une force qui transforme les métiers existants, elle peut aussi jouer un rôle clé dans la recherche d'emploi et la reconversion professionnelle. Que vous soyez à la recherche d'un nouvel emploi ou que vous envisagiez de changer de carrière, l'IA peut vous aider à optimiser votre processus, à vous adapter aux nouvelles exigences du marché du travail, et à acquérir des compétences pertinentes pour l'avenir.

12.1 Outils IA pour améliorer son CV et sa recherche d'emploi

1. L'optimisation de votre CV avec l'IA

La recherche d'emploi est de plus en plus influencée par des systèmes automatisés qui utilisent l'intelligence artificielle pour trier les candidatures. Beaucoup d'entreprises utilisent des **ATS** (Applicant Tracking Systems), des logiciels qui filtrent les CV avant même qu'un recruteur humain les examine. Il est donc essentiel d'optimiser votre CV pour qu'il soit lisible et compréhensible par ces outils. Voici quelques outils basés sur l'IA qui peuvent vous aider :

- **Jobscan** : Cet outil compare votre CV avec

les offres d'emploi et vous aide à le réécrire pour qu'il soit mieux adapté aux ATS. Il analyse des mots-clés et des phrases qui devraient être inclus dans votre CV pour augmenter vos chances d'attirer l'attention des recruteurs.

- **Resumake** : Un générateur de CV alimenté par l'IA qui vous permet de créer un CV professionnel en quelques clics. Ce générateur vous guide pour choisir le format, la structure et le contenu les plus pertinents en fonction de votre secteur.

- **Zety** : Un autre créateur de CV en ligne qui utilise l'IA pour recommander des améliorations et vous donner des suggestions personnalisées pour optimiser la présentation de vos compétences et expériences.

2. Recherche d'emploi optimisée par l'IA

Les plateformes de recherche d'emploi et de recrutement utilisent des algorithmes IA pour vous aider à trouver des opportunités plus pertinentes. Ces outils apprennent à partir de vos recherches et interactions pour proposer des offres d'emploi de plus en plus adaptées à votre profil.

- **LinkedIn** : LinkedIn utilise l'IA pour vous suggérer des emplois en fonction de votre profil, des entreprises que vous suivez et des compétences que vous avez ajoutées. Il met également en avant des connexions possibles avec des recruteurs qui recherchent des profils comme le vôtre.

- **Indeed** : Le moteur de recherche d'emplois utilise l'IA pour personnaliser les résultats en fonction de vos critères de recherche. En analysant vos recherches passées et les emplois auxquels vous postulez, Indeed améliore ses suggestions.

- **Rezi** : Un outil qui utilise l'IA pour évaluer la compatibilité de votre CV avec une offre d'emploi spécifique et vous conseille des modifications pour optimiser vos chances d'attirer l'attention des recruteurs.

3. Préparation aux entretiens avec l'IA

L'IA peut aussi être utilisée pour vous préparer aux entretiens d'embauche. Des outils comme **Interviewing.io** permettent de simuler des entretiens avec un recruteur virtuel qui analyse vos réponses, votre langage corporel et vos compétences en communication pour vous donner un feedback constructif.

12.2 Méthodes pour se reconvertir efficacement grâce à l'IA

La reconversion professionnelle est un défi de taille, mais l'IA offre plusieurs ressources pour vous aider à réussir cette transition en identifiant les opportunités et en facilitant l'acquisition de nouvelles compétences.

1. Identification des compétences transférables

L'IA peut vous aider à identifier les compétences transférables d'un secteur à un autre. Par exemple, si vous travaillez dans un domaine traditionnel et que vous souhaitez passer à un secteur technologique, un outil d'IA peut analyser vos compétences actuelles et vous aider à les adapter à votre nouvelle carrière.

- **MyNextMove** : Un outil développé par l'IA qui vous permet de découvrir de nouvelles carrières en fonction de vos compétences actuelles, de vos intérêts et de votre expérience. Il vous suggère des formations et certifications pertinentes.

- **Skillshare** et **Coursera** : Ces plateformes d'apprentissage en ligne utilisent l'IA pour recommander des cours spécifiques en fonction de votre parcours professionnel et de vos ambitions de reconversion.

2. Acquisition de nouvelles compétences grâce à l'IA

Se reconvertir efficacement nécessite souvent l'acquisition de nouvelles compétences. Heureusement, l'IA peut vous aider à accélérer votre apprentissage en offrant des ressources personnalisées qui s'adaptent à votre rythme et à vos besoins.

- **Pluralsight** : Utilise l'IA pour proposer des parcours d'apprentissage sur mesure en fonction de votre niveau de compétence actuel et des objectifs que vous souhaitez atteindre.

- **Duolingo** : L'application de langue utilise des algorithmes IA pour vous aider à apprendre une nouvelle langue, une compétence cruciale pour certaines reconversions professionnelles, en ajustant la difficulté et la répétition des exercices.

3. Plateformes de reconversion professionnelle en ligne

Des plateformes comme **SwitchUp** ou **Rebooting** utilisent l'IA pour mettre en relation des professionnels
en reconversion avec des mentors, des formateurs et
des experts de l'industrie. Ces plateformes offrent des
ressources adaptées à chaque phase de la reconversion,
depuis la recherche de formations jusqu'au développement de votre réseau.

12.3 Étude de cas : Une reconversion réussie grâce à l'IA

Contexte : Julie, une ancienne responsable marketing
dans le secteur de la mode, a décidé de se reconvertir
dans le domaine de la data science. Bien qu'elle ait une
bonne compréhension des statistiques et de l'analyse
des données, elle ne possédait pas de compétences techniques en programmation ou en machine learning.

1. Identifications des compétences et des oppor-tunités

Julie a commencé par utiliser des outils comme **MyN-
extMove** pour évaluer les compétences transférables de
son rôle précédent. Elle a ainsi découvert que ses compétences en analyse de données, en gestion de projet et
en prise de décision pouvaient être adaptées à la data
science.

2. Acquisition des compétences nécessaires

Julie a ensuite utilisé **Coursera** et **Pluralsight** pour suivre des cours de Python, de machine learning et de statistique appliquée à l'IA. L'IA des plateformes a personnalisé son parcours d'apprentissage en fonction de son niveau initial et lui a proposé des ressources supplémentaires pour combler ses lacunes.

3. Préparation à l'emploi

Avec son CV optimisé grâce à **Jobscan** et son profil LinkedIn enrichi par des mots-clés spécifiques à la data science, Julie a commencé à postuler à des emplois dans des entreprises de tech. Elle a utilisé **Interviewing.io** pour simuler des entretiens techniques, ce qui lui a permis de se préparer à des questions complexes.

4. Résultats

En l'espace de six mois, Julie a trouvé un emploi dans une entreprise spécialisée dans l'intelligence artificielle en tant que data analyste junior. Elle attribue une grande partie de son succès à l'utilisation d'outils basés sur l'IA, qui ont simplifié sa reconversion et lui ont permis de se préparer efficacement au marché du travail.

CHAPITRE 13 : CONSTRUIRE UN RÉSEAU ET DÉVELOPPER SON PERSONAL BRANDING

À l'ère de l'IA, le développement d'un réseau professionnel solide et d'une marque personnelle forte est devenu plus essentiel que jamais. L'IA peut être un atout majeur dans ce processus, en vous aidant à affiner vos stratégies, à augmenter votre visibilité et à positionner votre expertise sur les plateformes numériques. Ce chapitre explore comment tirer parti de LinkedIn, des réseaux sociaux, et de l'IA pour développer une marque personnelle et établir des connexions professionnelles puissantes.

13.1 Utiliser LinkedIn et les réseaux sociaux pour se positionner comme expert IA

1. Créer un profil LinkedIn optimisé pour l'IA

LinkedIn est la plateforme incontournable pour se connecter avec des professionnels, construire un réseau et se positionner comme expert dans un domaine particulier. Pour vous positionner comme expert en IA, vous devez non seulement avoir un profil bien rédigé mais aussi faire en sorte que chaque élément de votre profil soit optimisé pour les algorithmes de LinkedIn.

Voici quelques stratégies à suivre :

- **Mots-clés adaptés à l'IA** : Assurez-vous d'inclure des mots-clés spécifiques à l'IA et aux technologies pertinentes dans votre titre, résumé, et expériences professionnelles. Par exemple : "Data Scientist", "Machine Learning Engineer", "AI Researcher", "AI Enthusiast", etc.
- **Titre professionnel accrocheur** : Utilisez le titre de votre profil pour indiquer clairement votre domaine d'expertise en IA. Par exemple, « Spécialiste en Machine Learning | Passionné par l'innovation en IA ».
- **Résumé optimisé** : Rédigez un résumé captivant qui démontre non seulement vos compétences techniques en IA, mais aussi vos réussites professionnelles, vos projets et votre vision de l'avenir de l'IA. Ajoutez des liens vers vos publications, projets et articles pertinents.
- **Recommandations et témoignages** : Les recommandations de vos collègues, mentors, ou anciens employeurs renforceront votre crédibilité. Demandez à ces personnes de spécifier des compétences liées à l'IA dans leurs témoignages.

2. Publier du contenu pertinent pour démontrer votre expertise

Partager régulièrement du contenu sur LinkedIn vous aidera à établir votre réputation en tant qu'expert IA. L'IA peut vous aider à générer des idées de contenu et à optimiser la rédaction. Voici quelques types de contenu à publier :

- **Articles** : Publiez des articles sur des sujets liés à l'IA, tels que les tendances actuelles, les défis, ou des études de cas. Utilisez des outils comme **ChatGPT** pour générer des idées d'articles ou même pour vous aider à rédiger le contenu initial.

- **Infographies** : Créez des infographies expliquant des concepts complexes de l'IA. Utilisez des outils alimentés par l'IA comme **Canva** pour concevoir rapidement des visuels professionnels.

- **Évaluations et critiques d'outils IA** : Partagez vos évaluations sur des outils IA que vous avez utilisés. Par exemple, expliquez comment des outils comme **GPT-3, TensorFlow**, ou des outils de business intelligence basés sur l'IA peuvent transformer des processus d'affaires.

- **Participation aux discussions** : Engagez-vous dans des discussions liées à l'IA dans les groupes LinkedIn et dans les commentaires des posts d'autres experts. Cela montre que vous êtes activement impliqué dans la communauté IA.

3. Utiliser les hashtags et l'algorithme de LinkedIn

Utilisez des hashtags spécifiques à l'IA pour que votre contenu soit plus facilement trouvé par ceux qui s'intéressent à ce domaine. Par exemple, #MachineLearning, #DeepLearning, #AI, #ArtificialIntelligence, #DataScience, etc. Cela vous aidera à attirer un public ciblé qui suit ces sujets.

13.2 Développer une marque personnelle en s'appuyant sur l'IA

1. Créer du contenu personnalisé avec l'IA

L'IA peut vous aider à produire du contenu personnalisé et de qualité pour renforcer votre personal branding. Voici quelques outils qui peuvent vous aider à cette fin :

- **ChatGPT** : Utilisez ce type de modèle de langage pour générer des articles de blog, des posts LinkedIn, des résumés, ou des scripts vidéo. Cela vous permet de produire du contenu de manière plus efficace tout en vous assurant qu'il reste pertinent pour votre audience.

- **Grammarly** : Un outil alimenté par l'IA qui vous aide à peaufiner vos écrits en corrigeant les erreurs grammaticales, de ponctuation et de style, tout en optimisant la lisibilité et la clarté.

- **Lumen5** : Cet outil transforme automatiquement vos articles ou posts LinkedIn en vidéos captivantes. Une vidéo bien réalisée peut renforcer votre marque personnelle et capter davantage l'attention de votre audience.

2. Automatiser la gestion de votre réseau avec l'IA

Les outils d'IA peuvent vous aider à gérer et développer votre réseau de manière plus stratégique. Voici quelques solutions :

- **Dux-Soup** : Un outil de prospection sur LinkedIn qui vous aide à automatiser l'envoi de messages, les visites de profils et les invitations à se connecter. Cela peut vous aider à augmenter le nombre de connexions tout en restant personnalisé dans vos interactions.

- **CrystalKnows** : Cette IA analyse les profils LinkedIn et vous donne des recommandations sur la manière de communiquer avec les personnes que vous souhaitez contacter. Il suggère des approches de communication adaptées à chaque individu.

3. Suivi des tendances et des discussions de l'IA

Il est important de rester informé des tendances actuelles et des discussions qui façonnent le domaine de l'IA. Utilisez l'IA pour suivre l'actualité et identifier les sujets populaires qui intéressent votre réseau. Vous pouvez par exemple :

- **Google Alerts** : Configurez des alertes pour recevoir des notifications sur les dernières actualités concernant l'IA. Cela vous permet de rester à jour sur les évolutions du secteur et de partager des informations fraîches avec votre réseau.

- **Feedly** : Utilisez cet outil pour suivre les blogs et les articles sur l'IA. Il vous aide à organiser et à consulter efficacement les sources d'information pertinentes.

13.3 Exercice : Créer un contenu optimisé par l'IA pour son profil LinkedIn

Objectif de l'exercice :

L'objectif de cet exercice est de vous aider à développer un contenu de qualité qui présente vos compétences en IA tout en optimisant votre profil LinkedIn pour attirer l'attention des recruteurs, clients et partenaires potentiels.

Étapes de l'exercice :

1. **Définir un objectif clair pour votre profil LinkedIn :**
   - Exemple : Se positionner en tant que **Data Scientist** ou **Spécialiste IA.**

2. **Choisir un sujet pour un post ou un article LinkedIn :**
   - Par exemple, "Les tendances en IA à suivre en 2025" ou "Comment l'IA transforme le secteur de la santé".

3. **Utiliser un outil d'IA pour générer une ébauche :**
   - Utilisez **ChatGPT** ou un autre générateur de texte pour rédiger l'introduction de votre article ou de votre post.

4. **Améliorer le contenu :**
   - Utilisez **Grammarly** pour vérifier et améliorer la qualité du texte. Ajoutez

des anecdotes personnelles ou des études de cas si possible.

5. **Ajouter des visuels** :

   ○ Créez une infographie ou une image attrayante avec **Canva** ou **Lumen5** pour rendre le contenu plus engageant.

6. **Publier sur LinkedIn et analyser les résultats** :

   ○ Suivez les performances du post : Combien de personnes ont aimé ? Combien de commentaires ont été générés ? Cela vous aidera à affiner vos futures publications.

CHAPITRE 14 : L'IA ET LE TRAVAIL INDÉPENDANT : FREELANCING ET NOMADISME NUMÉRIQUE

Le freelancing et le travail à distance sont en pleine expansion, en particulier avec les avancées technologiques, et l'IA joue un rôle crucial dans cette transformation. Les travailleurs indépendants, qu'ils soient rédacteurs, développeurs, designers, ou consultants, peuvent désormais utiliser l'IA pour automatiser certaines tâches, optimiser leur productivité et créer des opportunités de revenus plus importantes. Ce chapitre explore comment l'IA transforme le freelancing et le nomadisme numérique, les outils disponibles pour automatiser son activité et une étude de cas inspirante d'un freelance qui maximise ses revenus grâce à l'IA.

14.1 Comment l'IA révolutionne le freelancing et le travail à distance

1. Accélération des processus et automatisation des tâches

L'IA permet aux freelances de se concentrer sur des tâches à plus forte valeur ajoutée en automatisant des processus répétitifs et chronophages. Par exemple, un graphiste peut automatiser la création de maquettes de base, un écrivain peut générer des ébauches d'articles grâce à des outils comme **ChatGPT**, et un développeur peut bénéficier d'assistants intelligents pour générer du code rapidement.

Exemples de tâches automatisées grâce à l'IA :

- **Rédaction** : L'IA peut générer des premiers brouillons ou des descriptions de produits, ce qui permet aux rédacteurs de gagner du temps.

- **Design graphique** : Des outils comme **Canva** et **Designhill AI** peuvent générer des designs de base ou des templates, réduisant le temps de création initiale.

- **Gestion des emails** : Les outils d'IA peuvent trier, répondre et planifier des emails automatiquement (comme **Mailchimp** ou **SaneBox**).

- **Gestion de projets** : Des applications comme **Trello** ou **Asana**, alimentées par l'IA, peuvent aider à suivre les délais et les progrès en temps réel.

2. Meilleure gestion de la productivité et du temps

L'IA offre également des outils qui permettent aux freelances de mieux gérer leur temps et d'optimiser leur productivité. Les assistants intelligents, comme **RescueTime** et **Toggl**, suivent le temps passé sur différentes tâches et offrent des rapports détaillés pour aider à identifier les domaines où des améliorations peuvent être apportées.

Outils d'IA pour gérer la productivité :

- **Notion AI** : Utilisé pour organiser et structurer les projets et les tâches, en exploitant les capacités de l'IA pour offrir des recommandations.

- **Grammarly** : Pour optimiser la rédaction et la communication, et améliorer la clarté de vos emails ou propositions professionnelles.
- **Time Doctor** : Un outil d'analyse du temps qui suit la productivité, identifie les distractions, et fournit des rapports détaillés.

3. Amélioration des relations avec les clients

L'IA peut également être utilisée pour améliorer la relation avec les clients en optimisant la communication et en personnalisant les propositions. Les outils d'IA peuvent répondre aux emails clients automatiquement avec des messages adaptés, ce qui permet aux freelances de rester réactifs sans avoir à être constamment devant leur ordinateur.

Outils d'IA pour la gestion des relations clients :

- **Zendesk** : Une plateforme d'assistance alimentée par l'IA qui permet de répondre aux requêtes des clients de manière plus rapide et personnalisée.
- **Chatbots IA** : Des outils comme **ManyChat** ou **Intercom** qui répondent aux questions courantes des clients et prennent en charge la communication en dehors des heures de travail.

14.2 Outils IA pour automatiser et optimiser son activité

Les freelances peuvent utiliser divers outils basés sur

l'IA pour simplifier leur activité quotidienne et maximiser leur efficacité. Voici une liste d'outils IA qui peuvent transformer le quotidien des travailleurs indépendants :

1. Outils de génération de contenu

- **ChatGPT** : Utilisé pour la génération de contenu écrit (articles, blogs, propositions) et pour aider à la création de scripts ou de documents techniques.

- **Copy.ai** : Un autre outil puissant pour générer des copies marketing, des emails, et même des idées de contenu sur des sujets spécifiques.

2. Outils de gestion de projet et de tâches

- **Trello + Butler** : L'automatisation dans Trello grâce à Butler permet de simplifier les processus de gestion de projet en automatisant les tâches récurrentes (ex. : déplacer les cartes, envoyer des notifications).

- **Monday.com** : Une plateforme qui intègre l'IA pour aider les freelances à gérer efficacement plusieurs projets en simultané, automatiser les processus de suivi et générer des rapports.

3. Outils d'analyse de données

- **Tableau AI** : Un outil d'analyse de données qui utilise l'IA pour extraire des insights à partir des données collectées, utile pour les freelances travaillant avec des données (par exemple, dans le marketing digital ou la finance).

- **Google Analytics + Insights AI** : Pour les freelances dans le domaine du marketing, cet outil permet d'analyser les performances des campagnes publicitaires et de générer des rapports sur la base de données complexes.

4. Outils de comptabilité et gestion financière

- **Quick Books** : Une solution de comptabilité qui utilise l'IA pour automatiser la gestion des factures, des dépenses et des rapports fiscaux.

- **Xero** : Un autre outil de comptabilité qui offre des suggestions et des prévisions financières basées sur l'IA, aidant les freelances à garder une trace précise de leurs finances.

14.3 Étude de cas : Un freelance qui maximise ses revenus grâce à l'IA

Prenons l'exemple de **Sarah**, une freelance spécialisée dans la rédaction de contenu web. Avant de découvrir l'IA, elle passait des heures à rédiger des articles, répondre à des emails clients, gérer son planning et effectuer des recherches. Elle se sentait souvent débordée et avait du mal à gérer son temps efficacement.

L'intégration de l'IA dans son activité :

1. **Automatisation de la rédaction :** Sarah a commencé à utiliser **ChatGPT** pour générer des brouillons d'articles sur des sujets généraux. Elle utilise l'outil pour créer des ébauches de texte qu'elle personnalise ensuite. Cela lui permet de produire plus d'articles en moins de temps.

2. **Amélioration de la gestion du temps** : Avec **RescueTime**, Sarah analyse son emploi du temps pour identifier les moments où elle est la moins productive. Grâce aux suggestions de l'outil, elle a pu réduire les distractions et optimiser ses périodes de travail.

3. **Gestion des emails** : Sarah utilise un outil d'automatisation des emails alimenté par l'IA, **Mailchimp**, pour envoyer des propositions automatisées à ses clients potentiels, tout en personnalisant chaque message en fonction du client.

4. **Optimisation de la facturation** : Sarah a intégré **QuickBooks** à son système de comptabilité pour gérer ses factures et ses paiements. L'outil l'aide à prévoir ses recettes futures et à garder un œil sur ses finances.

Résultats obtenus :

- **Productivité améliorée** : Sarah a pu augmenter son nombre d'articles rédigés par mois tout en réduisant de 30% le temps passé sur la rédaction initiale.

- **Revenus en hausse** : Grâce à l'automatisation des tâches administratives, Sarah a pu augmenter son nombre de clients et se concentrer sur des projets plus rémunérateurs.

- **Meilleure gestion du temps** : La gestion efficace de son emploi du temps lui a permis d'augmenter ses heures facturables, tout en conservant une qualité de vie plus équilibrée.

CHAPITRE 15 : ANTICIPER LE FUTUR : QUELLES ÉVOLUTIONS À PRÉVOIR ?

L'intelligence artificielle et les technologies avancées ne cessent de transformer notre manière de travailler, d'interagir et de créer de la valeur. Alors que nous voyons déjà des changements considérables dans les secteurs d'activité et les professions, il est essentiel de regarder vers l'avenir pour comprendre comment ces évolutions pourraient façonner le travail dans les années à venir. Ce chapitre explore les tendances à venir dans l'IA, l'automatisation, et l'interaction homme-machine, tout en proposant des scénarios d'avenir pour aider les professionnels à se préparer aux prochaines révolutions technologiques.

15.1 Les tendances à venir : IA générale, automatisation avancée, interaction homme-machine

1. L'IA générale : vers des machines intelligentes autonomes

L'intelligence artificielle générale (IAG), qui désigne une forme d'IA capable d'apprendre et de raisonner de manière similaire à l'humain, est l'un des objectifs à long terme des chercheurs en IA. Bien que l'IA spécialisée (comme celle utilisée dans les assistants vocaux, la reconnaissance d'images, ou les chatbots) domine actuellement, l'IA générale pourrait ouvrir la voie à des machines capables de résoudre des problèmes complexes dans une grande variété de domaines, sans nécessiter de programmation spécifique pour chaque tâche.

Implications pour le travail :

- **Polyvalence accrue** : Les machines dotées d'IA générale pourraient remplacer de nombreux emplois spécialisés, en accomplissant des tâches multiples sans supervision humaine.
- **Nouveaux rôles humains** : L'IA générale pourrait conduire à la création de nouveaux métiers dans la gestion des intelligences artificielles, leur gouvernance et leur régulation, tout en augmentant la collaboration entre humains et machines.

2. Automatisation avancée : l'ère des robots collaboratifs

L'automatisation des tâches est en forte croissance, avec des robots de plus en plus performants dans des domaines tels que la logistique, la production industrielle, ou même la gestion des stocks. Les robots collaboratifs, ou **cobots**, interagiront de plus en plus avec les humains, prenant en charge des tâches répétitives ou dangereuses tout en laissant aux travailleurs humains des rôles plus stratégiques et créatifs.

Implications pour le travail :

- **Transformation des métiers manuels** : Les métiers de production, de manutention, et d'assemblage seront profondément modifiés. Tandis que certaines tâches seront entièrement automatisées, d'autres nécessiteront des travailleurs capables de superviser et d'optimiser les processus automatisés.

- **Augmentation des capacités humaines** : Les travailleurs collaboreront avec des robots pour améliorer leur efficacité, en se concentrant sur des tâches à plus forte valeur ajoutée.

3. Interaction homme-machine : l'intégration de l'IA dans la vie quotidienne

L'intelligence artificielle continuera de s'intégrer dans notre vie quotidienne, transformant la manière dont nous interagissons avec les machines. L'interface homme-machine (IHM) deviendra de plus en plus intuitive, grâce à des technologies comme la reconnaissance vocale, les interfaces cérébrales, et la réalité augmentée.

Implications pour le travail :

- **Interfaces plus naturelles** : L'usage de la voix, des gestes, ou même de la pensée pour interagir avec des systèmes intelligents facilitera l'accès aux technologies, permettant à un plus large éventail de personnes de travailler efficacement avec des outils avancés.

- **Réalité augmentée pour l'apprentissage et la collaboration** : Les travailleurs utiliseront des outils de réalité augmentée (AR) pour former des employés à distance, effectuer des réparations complexes, ou même collaborer avec des collègues situés à l'autre bout du monde.

15.2 Scénarios d'avenir : comment se préparer aux prochaines révolutions

1. Le travail de demain : une fusion entre l'humain et la machine

Dans un futur proche, nous pourrions assister à une convergence plus étroite entre les capacités humaines et les technologies avancées. Le travail pourrait ne plus être une activité exclusivement humaine ou exclusivement automatisée, mais plutôt une collaboration entre les intelligences humaines et artificielles.

Scénarios possibles :

- **Humains augmentés** : Les technologies comme les interfaces neurales et les implants pourraient améliorer les capacités humaines (par exemple, mémoire, rapidité de traitement des informations) et créer des travailleurs "augmentés". Les professionnels utiliseront des outils d'IA non seulement pour optimiser leur travail mais aussi pour augmenter leurs propres capacités cognitives et physiques.

- **Espaces de travail hybrides** : Les équipes de travail seront de plus en plus composées de collaborateurs humains et non-humains. Les assistants virtuels et les robots intelligents travailleront côte à côte avec les employés humains pour maximiser l'efficacité et l'innovation.

2. La disparition de certaines professions et l'émergence de nouvelles

Si l'IA et l'automatisation sont en mesure de remplacer un grand nombre de professions existantes, de nouvelles carrières feront également leur apparition. Des métiers dans la gestion des IA, la sécurité des données, l'éthique numérique, et même dans la maintenance des robots intelligents pourraient émerger.

Scénarios possibles :

- **Métiers de l'éthique et de la gouvernance de l'IA** : La régulation de l'IA deviendra cruciale, avec la nécessité de professionnels formés pour superviser l'utilisation éthique de l'IA, veiller à la protection des données personnelles, et garantir l'équité des algorithmes.

- **Création de nouveaux rôles dans la cybersécurité** : L'augmentation de l'IA entraînera également une demande accrue en experts en cybersécurité pour contrer les menaces générées par des systèmes automatisés.

3. Repenser la formation et l'éducation

Pour faire face à l'évolution rapide des technologies, la manière dont nous abordons la formation et l'éducation devra évoluer. La montée en puissance des technologies immersives, des formations adaptatives basées sur l'IA, et des plateformes d'apprentissage en ligne permettront de démocratiser l'accès à des compétences de pointe.

Scénarios possibles :

- **Apprentissage personnalisé** : Grâce à l'IA, l'éducation deviendra de plus en plus personnalisée, les plateformes d'apprentissage adaptatives utilisant des algorithmes pour proposer des contenus en fonction des progrès de chaque étudiant.

- **Formation continue** : Les travailleurs devront s'adapter à des cycles de formation plus courts et plus fréquents, en continuant d'apprendre tout au long de leur carrière pour rester compétitifs dans un marché du travail en constante évolution.

15.3 Exercice : Écrire un scénario de l'évolution du travail dans 10 ans

Prenez un moment pour imaginer comment le travail évoluera dans les 10 prochaines années. Basé sur les tendances de l'IA, de l'automatisation et de l'interaction homme-machine, écrivez un scénario qui décrit ce à quoi ressemblera votre vie professionnelle dans un futur proche.

Considérations :

- **Quels types de technologies utiliseriez-vous ?**
- **Comment vos tâches quotidiennes changeraient-elles ?**
- **Quels nouveaux métiers pourraient émerger dans votre domaine ?**
- **Comment vous prépareriez-vous à ces évolutions ?**

Ce scénario vous permettra de mieux comprendre les évolutions possibles et de réfléchir aux actions à entreprendre dès maintenant pour vous adapter et prospérer dans le futur.

Conclusion du livre

Au terme de ce livre, nous avons exploré en profondeur l'impact de l'intelligence artificielle sur le monde du travail. Nous avons vu comment cette révolution technologique transforme nos métiers, nos environnements de travail, et les compétences requises pour réussir dans un futur où l'IA et l'automatisation joueront un rôle de plus en plus central. Voici une synthèse des points clés abordés :

1. L'IA, une révolution en marche

Nous avons défini ce qu'est l'IA, en abordant ses origines, son évolution et ses applications actuelles. L'IA est bien plus qu'une simple automatisation des tâches ; elle représente un bouleversement fondamental qui touche chaque aspect de notre travail quotidien.

2. Les métiers en mutation

Certains métiers sont menacés par l'automatisation, tandis que d'autres évoluent sous l'influence de l'IA. Cependant, l'IA ne se contente pas de détruire des emplois ; elle en crée de nouveaux et modifie les compétences requises, ouvrant ainsi de nombreuses opportunités pour ceux qui sauront s'adapter.

3. Les nouveaux métiers créés par l'IA

Des professions comme ingénieur en IA, data scientist, et éthicien de l'IA sont désormais au cœur de cette transformation. Les travailleurs en reconversion ou en début de carrière ont désormais un accès plus facile à des opportunités dans ces secteurs émergents.

4. L'IA au service des entreprises

Les entreprises intègrent l'IA pour améliorer leur productivité, innover, et répondre aux besoins des consommateurs de manière plus rapide et personnalisée. Nous avons vu comment l'IA permet non seulement de créer de la valeur mais aussi de transformer les modèles d'affaires traditionnels.

5. Les défis éthiques et sociaux

L'IA soulève des questions importantes sur les inégalités sociales, la sécurité de l'emploi, et la régulation des technologies. Nous avons abordé la nécessité de mettre en place une législation solide pour encadrer l'usage de l'IA tout en minimisant ses effets négatifs.

6. Les compétences essentielles à l'ère de l'IA

Alors que certaines compétences techniques sont incontournables, les soft skills (telles que l'adaptabilité, la pensée critique et la créativité) deviennent également cruciales pour réussir dans un monde où l'humain et la machine collaborent de plus en plus.

7. Se préparer à l'avenir du travail

L'anticipation des évolutions futures est clé. Les travailleurs doivent non seulement comprendre les tendances actuelles, mais aussi se préparer aux prochaines révolutions technologiques, comme l'IA générale et les systèmes de collaboration homme-machine.

8. Passer à l'action : Un plan personnalisé

L'IA et l'automatisation ne sont pas des phénomènes à

subir, mais des opportunités à saisir. Ce livre vous a fourni les outils et les connaissances nécessaires pour comprendre comment l'IA va redéfinir votre métier, mais aussi comment vous pouvez l'intégrer dans votre parcours professionnel. Il est maintenant temps de passer à l'action.

Votre plan d'action personnalisé :

1. **Identifiez les compétences à développer** : En fonction de votre secteur d'activité, listez les compétences techniques et soft skills qui vous permettront de rester compétitif. Cela peut inclure l'apprentissage du machine learning, de la gestion de données, ou l'amélioration de votre intelligence émotionnelle.

2. **Explorez les outils IA à votre disposition** : Familiarisez-vous avec les outils et plateformes IA qui peuvent améliorer votre efficacité au travail. Prenez l'initiative de tester des outils comme ChatGPT, MidJourney, ou d'autres solutions adaptées à votre domaine.

3. **Mettez à jour votre CV et profils en ligne** : Réfléchissez à la manière dont vous pouvez intégrer l'IA dans votre propre marque personnelle. Utilisez des plateformes comme LinkedIn pour mettre en avant vos compétences en IA et montrer votre capacité à vous adapter à l'ère numérique.

4. **Planifiez votre évolution professionnelle** : Rédigez un plan de carrière où vous définissez les étapes à suivre pour vous adapter à l'évolu-

tion rapide du travail. Identifiez les formations nécessaires et les secteurs en croissance pour prendre une longueur d'avance.

En conclusion, l'IA représente à la fois un défi et une opportunité. Ceux qui sauront se former, s'adapter et anticiper les évolutions technologiques seront ceux qui réussiront à naviguer avec succès dans ce nouveau monde du travail. N'attendez pas que l'avenir vous surprenne ; commencez dès aujourd'hui à bâtir les bases de votre succès dans l'ère de l'intelligence artificielle.

KONAN JOEL KOUADIO